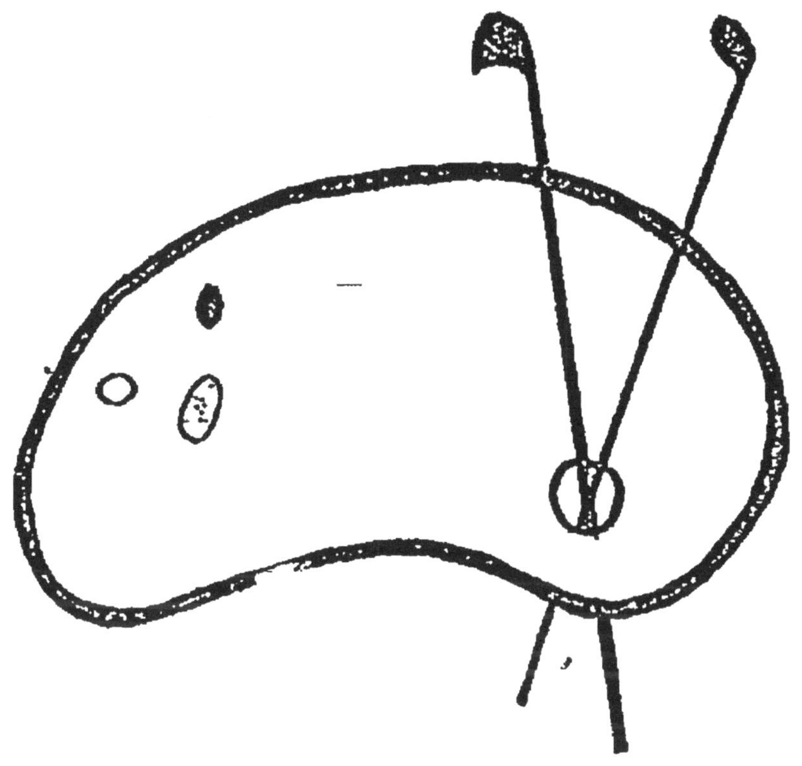

DEBUT D'UNE SERIE DE DOCUMENTS
EN COULEUR

Nouvelle Bibliothèque Pédagogique
L'ÉDUCATION en BULGARIE
d'après les Documents Officiels du
Ministère de l'Instruction Publique de Bulgarie
PAR
EDWARD PEETERS
OFFICIER D'ACADÉMIE
Directeur de la Revue Internationale et Polyglotte
« MINERVA »
ET
ALEXANDRE ZLATANOFF
Sous-Chef de la Section d'Enseignement Moyen et
Supérieur au Ministère de l'Instruction Publique du
Royaume de Bulgarie
AD. MOENS PATFOORT
LIBRAIRE-ÉDITEUR
BRUGES (BELGIQUE)

Nouvelle Bibliothèque Pédagogique

(Collection EDWARD PEETERS).

1. — La Lettre à ma petite Sœur, traduit du néerlandais de FÉLIX ORTT, avec une Causerie introductive, des notes et des commentaires. Avec portrait hors texte. 2e édition. **1.25**

2-3. — Causeries Pédagogiques. *Études succinctes sur les doctrines de l'éducation.* Avec une Préface et un portrait hors texte de M. G. COMPAYRÉ, Inspecteur général de l'Instruction publique en France, 1e série, 2e édition. **2.50**

4-5. — Causeries Pédagogiques. *Études succinctes sur les doctrines de l'éducation.* 2e série, 2e édition. **2.50**

6. — L'École et la Vie, étude antithétique; Ce que l'école *est*, ce qu'elle *peut* être, ce qu'elle *doit* être. **1.25**

7-8-9. — Excursion Pédagogique en Hollande. Notes, Impressions et Souvenirs. Avec 33 planches hors texte. **3.75**

10. — Entretien avec mon Fils *au sujet d'une habitude dangereuse*, traduit du néerlandais de FÉLIX ORTT. Avec Causerie introductive et portrait hors texte. **1.25**

11-12. — L'Emile de J.-J. Rousseau. *Seule édition autorisée*, avec une Introduction, des notes et des commentaires. *Mise en rapport avec la pédagogie moderne.* — 1re partie **2.50**

13. — L'Idéal Religieux dans l'Education. Étude critique des divers systèmes proposés. *Avec portrait hors texte.* **1.25**

14-15. — L'Emile de J.-J. Rousseau. *Seule édition autorisée* avec une Introduction, des notes, etc. — 2e partie. **2.50**

16. — Sa Majesté l'Enfant, Études sur l'Éducation et l'Enseignement. **1.25**

17-18. — L'Éducation en Bulgarie, *d'après les documents officiels du Ministère de l'Instruction publique de Sofia.* (En collaboration avec M. Alex. Zlatahoff.) **2.50**

(De cet ouvrage il a été tiré quelques exemplaires sur papier-toile spécial, au prix de 5 fr.)

19-20. — L'Emile de J.-J. Rousseau, *Seule édition autorisée*, avec une Introduction, des notes, etc. — 3e partie. *Sous presse.*

Paraîtront ensuite.

21-22. Emlohstobba, Roman ou Réalité, traduit du Dr H. Lietz avec autorisation spéciale. (En collaboration avec le Prof. Ad. Ferrière.)

23-24. L'Émile de J.-J. Rousseau. *Seule édition autorisée*, avec une Introduction, des notes, etc. — 4e partie.

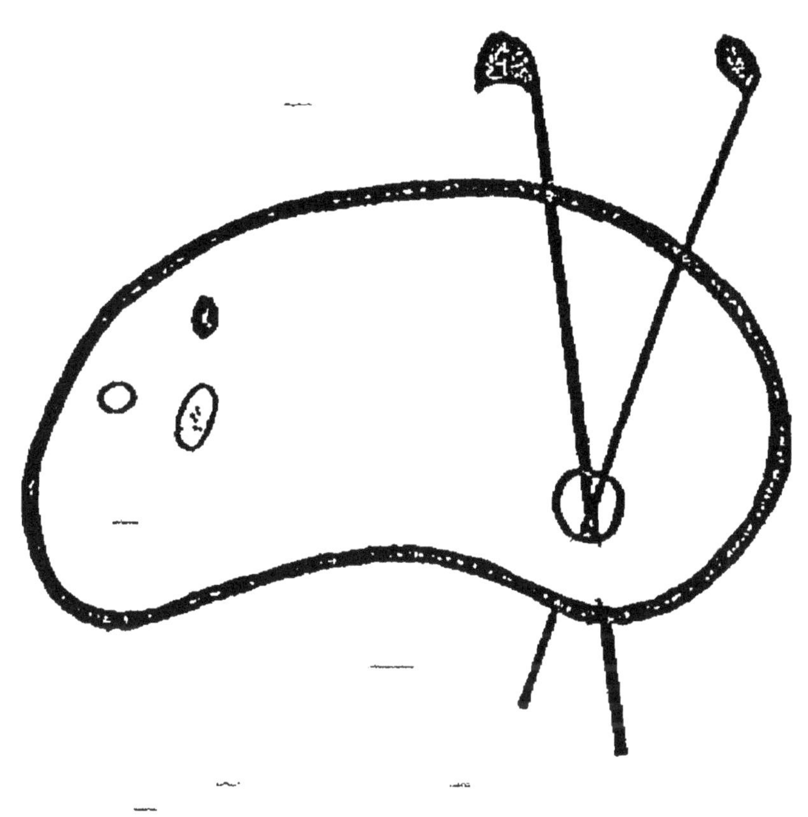

FIN D'UNE SERIE DE DOCUMENTS
EN COULEUR

L'Education en Bulgarie.

Nouvelle Bibliothèque Pédagogique.

L'ÉDUCATION en BULGARIE

d'après les Documents Officiels du Ministère de l'Instruction Publique de Bulgarie

PAR

EDWARD PEETERS
OFFICIER D'ACADÉMIE,
Directeur de la Revue Internationale et Polyglotte « MINERVA »

ET

ALEXANDRE ZLATANOFF
Sous Chef de la Section d'Enseignement Moyen et Supérieur au Ministère de l'Instruction Publique du Royaume de Bulgarie.

AD. MOENS-PATFOORT
LIBRAIRE-ÉDITEUR
BRUGES (BELGIQUE).

Préface.

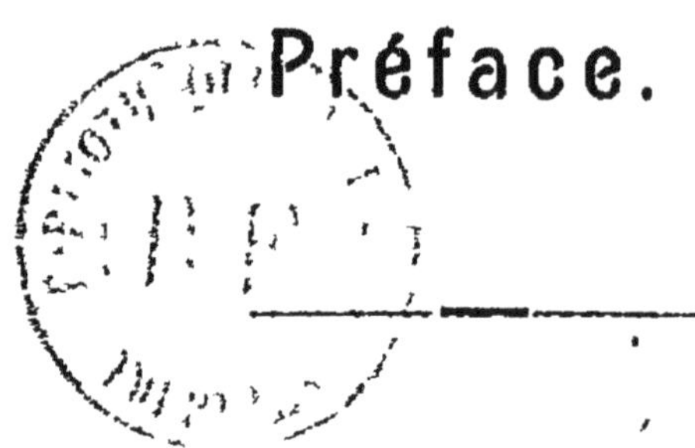

*L'OUVRAGE que nous présentons en ces pages n'est pas une de ces relations pittoresques, résultats de voyages d'études, comme le fut l'*Excursion Pédagogique en Hollande. *C'est uniquement un recueil de notes enchaînées, puisées dans les documents officiels et les correspondances particulières, et donnant un aperçu succinct mais général et relativement complet sur ce qui a été réalisé au point de vue de l'éducation en ce pays encore si peu connu et surtout si peu apprécié. Malgré tous les revers que la Bulgarie a dû supporter dans le courant des siècles et jusqu'à l'époque très rapprochée de sa libération définitive, l'âme nationale a su y conserver toute son ancienne vigueur, ce qui lui a permis*

de prendre, sous le gouvernement de ses princes indépendants, un essor tel que son organisation éducative la met au niveau des nations les plus cultivées de l'Europe occidentale.

Afin que cette étude fut aussi exacte que possible, elle a été vérifiée et collationnée sur les documents officiels du Ministère de l'Instruction Publique du Royaume de Bulgarie. D'autre part, nous n'avons pas hésité à reproduire en de fréquents endroits des passages entiers des pièces officielles, notre but n'étant que de documenter *nos lecteurs au sujet des questions d'éducation en Bulgarie.*

Puisse notre modeste travail être utile; nous ne demandons pas davantage!

INTRODUCTION.

—

La Culture Bulgare
A TRAVERS LES SIÈCLES.

INTRODUCTION. — Quoique quelques dizaines d'années à peine se sont écoulées depuis que la Bulgarie a reconquis son indépendance (1878), l'essor qu'elle a su donner à l'éducation en ce court laps de temps pourrait à juste titre être considéré comme fantaisiste, si l'on ne savait pas quelle énergie il y a dans les cœurs bulgares, et quelle grandeur d'âme s'y cache souvent sous des dehors simples et rustiques. Ce pays, jeune encore en tant que nation indépendante, a connu les revers les plus foudroyants, mais il a compris que l'école était sa ressource suprême, et que c'est par l'école qu'il recouvrirait, avec son indépendance, son antique célébrité. « L'histoire de l'école bulgare », écrit M. J. TAGGER dans son *Exposé sur l'Activité du Ministère de l'Instruction publique en Bulgarie* (1), « est intimement liée à celle du peuple bulgare. L'école bulgare est l'image fidèle de la décadence et des malheurs du pays ».

Première Indépendance Bulgare. — Du IIIe au VIIe siècles, le pays fut habité des Karpathes jusqu'au Péloponèse par une multitude de tribus slaves, sans cohésion entre elles. Aussi, lorsqu'au VIIe siècle les Bulgares descendirent la Volga sous la conduite d'ASPARUCH, ils purent y fonder un royaume qui prit le nom des conquérants. En 679, ASPARUCH, premier prince ou *Khan* bulgare et fondateur de la première dynastie, occupait tout le pays entre le Donau et les Balkans. Sous le tsar KROUM-LE-TERRIBLE (802-815), la Bulgarie devint si puissante qu'elle put soumettre Byzance (2) à un tribut, occuper Andrinople et conclure un traité avec CHARLEMAGNE. En 864 le tsar BORIS-LE-SAINT (852-888) embrassa le Christia-

(1) 2e année, I, p. 188.
(2) Ancien nom de Constantinople.

nisme et fonda une Église indépendante de Rome comme de Constantinople. Aux IXe et Xe siècles les Bulgares combattaient victorieusement les Magyares au nord et les Grecs au sud; ils furent alors à l'apogée de leur gloire et de leur puissance, et le tsar SIMON-LE-GRAND (888-927) s'intitula: *Empereur des Bulgares et des Valaques, Seigneur des Grecs.* Il bat l'armée byzantine, conquiert les faubourgs de Constantinople et règne bientôt sur la péninsule entière.

Domination Byzantine. — Malheureusement, après la mort de SIMON-LE-GRAND, sous le règne de son fils PIERRE, les premiers revers attendaient les Bulgares. Après avoir victorieusement combattu Byzance, le sort des armes change, et, en 1018, les vaincus reprennent le dessus. Dans une longue suite de batailles sanglantes, les Byzantins reconquièrent leur liberté et envahissent à leur tour le territoire bulgare, qui devint dès lors une province byzantine, plus obscure peut-être que les autres.

Seconde Indépendance Bulgare. — Cette domination se maintint jusqu'en 1186, quand ASEN Ier (1186-1195) libéra le pays et fonda la seconde dynastie bulgare. KALOJAN (1196-

1207) et Asen II (1218-1241) surent rétablir leur domination sur la péninsule, et une nouvelle ère de prospérité s'ouvrit pour le pays. Mais cette seconde indépendance ne devait pas durer longtemps. La prospérité même dont jouit la Bulgarie amollit le courage national et, malgré tous les efforts du tsar Ivan-Alexandre (1331-1335) pour ranimer et rassembler les forces éparses de la nation, les Turcs s'emparaient du sud de la péninsule et se préparaient à continuer vers le nord leur marche victorieuse. En 1393 ils achevèrent la conquête de tout le territoire bulgare, et finirent ainsi le second empire.

La Culture Bulgare jusqu'à la fin du second Empire. — Jusqu'ici la culture bulgare s'était tenue au niveau, ou peu s'en faut, des autres pays, d'autant plus que les rapports avec Byzance l'avaient imprégnée de la haute culture grecque. « Un peuple », écrit aussi M. le Dr W. Nikoltschoff dans *Das Bulgarische Bildungswesen* (1), « qui, malgré tous les efforts de Byzance, parvint à conserver pendant des siècles sa nationalité propre, qui se défendit victorieusement contre les Grecs, les Magyares, les Croisés et les

(1) Édition de Durr, Leipzig, 1910.

Russes, qui se convertit le premier au Christianisme parmi toutes les nations slaves, qui donna le jour aux apôtres CYRILLE et MÉTHODE, inventeurs de l'écriture slave, qui sut défendre dignement l'autonomie de l'Église nationale contre Rome et Constantinople, qui conclut des traités de commerce avec Gênes, Venise et Dubrovnik, dut nécessairement posséder une culture égale à celle des autres pays de l'Europe ou s'en rapprochant de près ». La pénétration de la culture byzantine s'accentua encore par l'introduction plus profonde du christianisme. Il est vrai que les premiers prêtres de la nouvelle religion étaient en majeure partie slaves, mais ils se trouvaient en rapports continuels avec Constantinople, et, de plus, les chefs de l'État et de l'Église, comprenant toute l'importance d'une introduction systématique de leur propre culture, envoyaient très volontiers des prêtres byzantins en Bulgarie pour y combattre les sentiments nationaux. Mais ils avaient affaire à trop forte partie, comme le prouve le fait, déjà rapporté, que peu de temps après leur conversion les princes bulgares se mirent en rapports avec Constantinople et avec Rome, dans le but de rendre l'Église bulgare indépendante. Bien qu'ils estimassent hautement la culture byzantine et le christianisme, ils voulurent conserver leur indépendance complète. C'est de cette époque que date l'histoire de l'école et de la littérature bulgares.

Saint Clément, premier Éducateur Bulgare. — Comme premier éducateur bulgare et propagateur de la langue nationale, mentionnons SAINT-CLÉMENT, décédé à Ochrida le 17 juillet 916. Dès son arrivée en Bulgarie, où il fut évêque de l'Occident, il manifesta une activité extraordinaire: il enseigna le peuple, lui expliqua la religion du Christ, ouvrit partout des écoles qu'il dirigea lui-même. Le nombre de ses élèves dépassait 3.500; à d'aucuns il commenta les Écritures, à d'autres il apprit à lire et à écrire, et, pour les religieux peu au courant du grec, il composa en langue nationale des sermons pour tous les dimanches et jours de fête.

Simon-le-Grand et les Hellénistes. — Dans la partie orientale de la Bulgarie, toute une pléiade d'écrivains et de savants travaillaient sous l'égide du tsar SIMON-LE-GRAND. Imprégné d'hellénisme, celui-ci se manifesta lui-même comme auteur bulgare et composa entre autres un recueil de sermons connu sous le nom de *Zlatostroui* (Rayons d'Or). Il est vrai que cette activité, toute méritoire qu'elle fut, porta cependant atteinte à la culture nationale, en ce sens qu'on s'attacha trop exclusivement et trop servilement à l'imitation des auteurs grecs. On s'écarta de la sorte de la ligne de conduite suivie jusqu'alors: les premiers auteurs bulgares s'occupèrent d'explications et de commentaires de l'Écriture ainsi que de livres de piété, et leurs traductions étaient plutôt des adaptations. Quand arriva le moment où la langue bulgare produisit aussi des études scientifiques et des ouvrages de pure littérature, on négligea le fonds national pour donner la primauté à la culture byzantine déjà en décadence cependant.

Les Bogomiles. — La secte des Bogomiles (1) se rapprocha davantage de l'esprit populaire, et cependant elle troubla le sentiment national, empêcha le développement des intelligences et prépara la chute de la nation

(1) Die Sekte der Bogomilen breitete sich neben dem Christentum gleichzeitig aus; sie war dualistischen Charakters und aus Asien eingeführt worden. Die nächste Veranlassung ihrer Entstehung auf der Balkanhalbinsel war die Ansiedelung armenischer Paulicianer unter den Bulgaren. Gar bald trat der Priester BOGOMIL auf, von dem dann die ganze Sekte ihren Namen erhielt, und der ihr einen slavisch-nationalen Anstrich gab. (ADOLF STRAUSS, *Die Bulgaren.* — Leipzig, TH. GRIEBENS Verlag.)

et de sa culture. Au lieu de s'appliquer à l'éducation du peuple, elle ne s'occupa principalement que de littérature, tout en tenant le milieu entre l'adaptation hellène et la littérature nationale.

Les premières Écoles. — Les premières écoles au sujet desquelles on possède des données précises, sont celles de SAINT-CLÉMENT; elles ressemblaient en tout aux écoles paroissiales de l'Occident: la lecture, l'écriture, la religion et le culte furent les branches principales. Il est certain que des écoles analogues doivent avoir existé ailleurs encore, mais on ne possède aucune donnée exacte à leur sujet. Ce n'est qu'au XIVe siècle que nous trouvons les écoles paroissiales et claustrales, dont la vulgarisation concordait avec la dégénérescence de la religion et du sentiment religieux dans le peuple, et avec la floraison du mysticisme.

La plus célèbre de ces écoles claustrales fut celle de GRÉGOIRE SYNAÏT, dans les monts Sakar, au sud de la Bulgarie actuelle. Elle était fréquentée par des Bulgares, des Serbes et des Grecs, auxquels GRÉGOIRE enseignait la dogmatique et la philosophie religieuse, dans le but d'en faire des moines à la hauteur de leur mission. Son élève Théodose fonda à Kilifarewo, près de Tirnovo, une école de savants qui ne fut pas seulement suivie par des Bulgares, mais aussi par des Serbes, des Valaques et des Grecs. Un élève de Théodose, le dernier patriarche bulgare Euthymius, philosophe éminent, se distingua surtout en dirigeant à Tirnovo une école théologique où, en même temps que la religion, il enseigna la langue et la grammaire bulgares. Il s'occupa aussi très activement de la revision et de la correction des livres de piété, composa un « *Règlement d'Ortographe* » et obtint du tsar Ivan Schischman un décret portant que la transcription des livres serait réservée à des personnes compétentes. L'école d'Euthymus donna le jour à de nombreux savants de haute valeur, parmi lesquels Grégoire Zamblak, plus tard archevêque de Kieff, en Russie, et Constantin Kostenezki. Ce dernier, persécuté et menacé par les Turcs, se réfugia à la cour du roi de Serbie, Stéphan Lasarevitch, à Belgrade, et c'est là qu'il écrivit son *Traité d'Ortographe*, dans lequel il décrit les méthodes de son temps et propose de notables réformes, comme, par exemple, la méthode d'épellation par émission des sons. Ce n'est que quelque cent ans après, en 1533, que VALENTIN ICKELSAMER fit une campagne analogue en Allemagne; mais cette idée fructueuse ne fut pas mise en pratique : ce n'est que plus tard que, sous les auspices du Bavarois STEPHANI, cette méthode fut implantée définitivement en Bulgarie (1).

Double Despotisme. — Mais une période de misère sans fin avait accablé le pays. Les Turcs se conduisaient d'une manière par trop despotique envers les Bulgares, et le malheur de ceux-ci s'accrut encore quand le Patriarche de Constantinople et les Grecs, se réconciliant avec les Turcs, acquirent en échange le droit de propager partout leur religion et leur enseignement. La langue bulgare fut bannie des églises et des écoles et de toutes parts surgirent des écoles purement hellènes. Un double despotisme pesait ainsi sur les Bulgares : le joug *politique* imposé par les Turcs, et le joug *intellectuel*, *spirituel*, imposé par les Grecs. « Ces derniers, grâce aux privilèges concédés aux écoles byzantines, devinrent bientôt maîtres des écoles et des églises en pays étranger. Ils se mirent en devoir de supprimer le bulgare des écoles et de faire

(1) Voir plus loin le paragraphe : *Culture professionnelle.*

disparaître toute trace de la culture bulgare », écrit aussi le professeur J. TAGOER (1).

Les Kilii. — Et cependant la nationalité bulgare ne se perdit point. Malgré la vigilance des Turcs, les communautés religieuses, qui jouissaient d'une certaine autonomie, servirent de foyer à l'entretien de l'esprit national et s'occupèrent surtout de l'instruction du peuple. Elles ouvrirent ce qu'on appelle des *Kilii* (2), c'est-à-dire des salles de classe dans une cellule du couvent, où à peine une dizaine d'élèves pouvaient trouver place. Bientôt des particuliers ouvrirent aussi des *kilii*, mais ce n'est qu'au XVIIIe siècle qu'on voit apparaître des *kilii* ou écoles *communales*, ouvertes et entretenues par les communautés religieuses bulgares avec le concours de riches donateurs: un maître, rétribué par la commune, réunissait dans un établissement spécial servant d'école tous les enfants, auxquels il donnait gratuitement l'instruction. Le nom de *kilii* resta aussi à ces écoles, et, jusqu'en 1835, les Bulgares n'eurent pas d'autres établissements d'instruction.

Programme des Kilii. — Le programme

(1) Exposé sur l'Activité du Ministère de l'Instruction publique en Bulgarie.

(2) *Kilii* signifie proprement : cellules de couvent.

des kilii était excessivement sommaire : la lecture, l'écriture, le chant d'église et un peu de calcul furent les branches généralement admises. Au commencement, la méthode de lecture était très rudimentaire : les lettres se prononçaient par un mot commençant par cette lettre ; ainsi

A	se prononçait	*As*,	qui signifie	*je ;*
B	—	*Buki*	—	*lettre* (caractère) *;*
W	—	*Wedi*	—	*savoir ;*
G	—	*Glagol*	—	*parler ;*
D	—	*Dobro*	—	*bien ;*
E	—	*Est*,	—	*est* (il est);

et ainsi de suite, de sorte que, pour épeler le mot *baba* (grand'mère), on devait dire : *buki-as-buki-as* : BABA. Que cette méthode on ne peut plus étrange rendit l'enseignement excessivement difficile, cela se conçoit. Plus tard on donnait aux lettres les sons *a, be, we, ge, de, e*, etc., ce qui fut un grand pas en avant.

Pour l'écriture on se servait d'une planche bien rabotée, d'une plume d'oie et d'une encre tirée par les élèves eux-mêmes des baies du sureau. Quand la planchette était toute couverte d'écriture, on la rabotait de nouveau jusqu'à ce qu'elle fut complètement usée. Dans certaines écoles les premiers essais se firent sur le sable, mais, par contre, d'autres employaient aussi l'écorce du cerisier ou un parchemin préparé de peaux de chèvre, de lièvre ou de renard. L'introduction du papier mit fin à ces pratiques rudimentaires.

Quant au calcul, on s'en tenait généralement à l'addition et à la soustraction ; cependant les élèves les mieux doués apprenaient aussi quelquefois la multiplication et la division.

Ce que raconte un élève des kilii. — « Lorsque nous arrivâmes à l'école », relate A. Ivanoff, « nous nous assîmes çà et là par terre. Le maître venait quand il voulait et s'asseyait sur sa chaise de bois ; s'il venait un peu tôt, il nous disait de nous taire et se mettait à coudre, chose ordinaire alors, puisque le maître faisait en même temps office de tailleur ; s'il venait en retard, il appelait chacun par son nom et nous indiquait la nouvelle leçon à étudier. Il ne nous interrogeait jamais tous, surtout quand il était pressé de terminer son ouvrage, et les moniteurs examinaient à la hâte les autres ». — « Ainsi », ajoute M. J. Tagger, « durant toute la longue période de la domination turque, la Bulgarie était impénétrable à la civilisation étrangère. Elle dormait d'un sommeil léthargique ».

En 1750 on ne comptait encore dans tout le pays que vingt et une kiliï; en 1800 leur nombre était de vingt-sept ; en 1820, de quarante-neuf; et en 1835, de quatre-vingt-douze.

La Révolution Française. — La révolution française de 1789 ne resta pas sans répercussion dans les pays balkans. L'oppression, tant celle spirituelle des Grecs que celle politique des Turcs, avait atteint un degré d'acuité sans précédent; aussi les pays les plus éloignés de Constantinople et les plus exposés aux influences étrangères, tels que la Serbie, la Roumanie et la Grèce, se levèrent d'abord et recouvrèrent leur autonomie aux applaudissements du monde civilisé. Mais la Bulgarie ne put en faire autant, vu la dégénérescence rofonde dans laquelle elle croupissait: le citoyen bulgare avait honte de sa nationalité, qu'il considérait comme commune et barbare; il se prévalut du nom de « Grec » et se conduisit en conséquence. Quant au campagnard, courbé encore davantage sous le double joug qui pesait sur lui, il avait perdu toute conscience de sa condition malheureuse et de son abaissement.

L'Histoire des Bulgares, de Païsy. —

Les premiers efforts de la régénération bulgare devaient donc tendre à réveiller le sentiment national dans le cœur du peuple, et sous ce rapport le moine PAÏSY se rendit méritoire par la publication, en 1762, de la première *Histoire des Bulgares.* Quoique cet ouvrage n'a plus aucune valeur scientifique, il agit cependant avec tant de succès sur la conscience populaire, que la Bulgarie sortit de sa torpeur et réclama en premier lieu l'indépendance religieuse. Pendant trente-cinq ans, le parti national lutta sans trêve ni repos, jusqu'à ce qu'à la fin il vit ses efforts couronnés de succès par l'érection de l'Exarchat Bulgare de Constantinople (1). *Par l'école à la liberté !* fut le cri de guerre de tous les hommes bien pensants; bientôt aussi la langue bulgare fut réintroduite dans les écoles et les églises, et le peuple comprit que, tenant sa langue, il tenait aussi la clef qui le délivrerait de ses chaînes.

La Méthode Bell-Lancaster. — Vers ce temps naquit en Angleterre la méthode d'instruction mutuelle BELL-LANCASTER : c'était là ce qu'il fallait en Bulgarie. En 1824 elle fut

(1) Gouvernement spécial pour la Bulgarie, mais sous la dépendance de l'autorité turque.

recommandée en premier lieu dans l'*Abécédaire* du Dr P. Beron (1), et son introduction dans les écoles date de 1835, quand la première école publique purement bulgare fut ouverte à Gabrovo. A partir de ce moment, les écoles d'enseignement mutuel se multiplièrent constamment: en 1835 seulement on en créa cent quatre-vingt-neuf, soit trente-trois dans les villes et cent cinquante-six dans les villages; de 1836 à 1840 il en fut érigé quatre-vingt-treize nouvelles; de 1841 à 1878, quatre cent sept, de sorte qu'en l'année de la délivrance, 1878, le pays possédait mille six cent cinquante-huit écoles, dont cent trois dans les villes et quinze cent quatre-vingt-cinq dans les campagnes.

Et non seulement la *quantité* augmentait, mais aussi la *qualité*. On construisit des bâtiments spéciaux, on introduisit la langue néo-bulgare, on forma une classe spéciale d'instituteurs, on augmenta le nombre des branches d'enseignement, on travailla à un programme officiel, on fonda des comités scolaires. Il y avait d'ailleurs beaucoup à faire, car, à la fin du XVIIIe et au commencement du XIXe siècle,

(1) L'*Abécédaire* du Dr P Beron fut le premier ouvrage classique en néo bulgare. Voir plus loin le paragraphe. *Livres classiques*.

l'enseignement à l'école était grec, la culture était grecque, la langue de la masse éclairée de la population également grecque ; ce n'était pas tout : on commençait à avoir honte de sa nationalité, puisque « le Bulgare n'était pas un homme » (1).

Vassil Evstatieff Apriloff et l'Ecole de Gabrovo. — En 1835, un riche négociant de Gabrovo, Vassil Evstatieff Apriloff, conçut la noble idée de fonder dans sa ville natale une école sur le modèle des écoles de l'Europe occidentale, et destinée à devenir le premier établissement d'enseignement secondaire ouvert dans le pays. Son but était de « donner aux jeunes gens une instruction plus solide et plus élevée ». Une grande partie de sa vie fut consacrée à cette œuvre si méritoire, et ainsi il peut être considéré comme le premier organisateur de l'instruction publique en Bulgarie.

L'école de Gabrovo devint le centre intellectuel d'où les jeunes gens plus cultivés se répandirent dans tout le pays comme instituteurs et porteurs des idées de la renaissance du peuple bulgare. Ce ne fut donc pas seulement un établissement d'enseignement secondaire proprement dit, mais aussi une véri-

1) J. Tagger, Loc. cit.

table école normale nationale. Dans le cours des années il se forma en Bulgarie un corps enseignant, qui, tout en ne possédant pas des connaissances fort étendues, n'en était pas moins pénétré de la grandeur de sa tâche, et qui travaillait avec enthousiasme et ardeur. On répète souvent que l'instituteur allemand a fait Sedan ; l'instituteur bulgare a été un des premiers et des plus importants facteurs dans la délivrance de la Bulgarie du joug ottoman.

Nouveaux Progrès. — Jusqu'ici les connaissances les plus élémentaires avaient été réparties sur un an et demi à deux ans, mais le peuple, dans son désir ardent de savoir davantage et mieux, exigea l'augmentation du nombre des branches, réparties maintenant sur quatre ans : les deux dernières années servant soit à approfondir les connaissances élémentaires, soit à préparer à des études plus avancées. Certains instituteurs, ayant fait leurs études à l'étranger, surtout en Russie et en Grèce, organisèrent à leur retour en Bulgarie un troisième degré, qu'ils nommèrent « école supérieure ». Mais cette répartition ne passa pas dans les mœurs : les deux premiers degrés restèrent à l'école élémentaire BELL-LANCASTER, et le degré supérieur végéta pendant quelque temps pour se transformer ensuite en progymnase ou gymnase.

On allait trop loin. — Bientôt on s'aperçut qu'on était allé trop loin et trop vite. Chaque commune s'empressait d'ouvrir une école sans y être le moins du monde préparée et sans avoir le personnel nécessaire et qualifié à sa disposition. Il s'en suivait qu'en de nombreuses écoles on trouvait des instituteurs animés des meilleures intentions, mais sans le moindre soupçon de culture psychologique, ni même quelquefois pédagogique : ils ne cherchaient qu'à se distinguer par l'introduction de nouvelles branches d'enseignement, sans se préoccuper le moins du monde de rechercher si ces connaissances convenaient ou non aux enfants. Ce qui était trop indigeste pour les jeunes intelligences fut inculqué de force et mécaniquement, et ainsi on enseigna quelquefois à l'école élémentaire... le droit et la philosophie.

Cet état de choses déplut tout naturellement aux éducateurs clairvoyants : leur perspicacité patriotique y vit une source de désastres pour le pays, et ils s'y opposèrent énergiquement.

Conférences d'Instituteurs. — Ce qu'ils

réalisèrent de mieux pour rémédier à cette situation pleine de périls fut l'organisation des conférences d'instituteurs, chargées de réformer l'école et de lui donner des bases stables. Elles indiquaient la nature et les limites des branches d'enseignement, les rendaient obligatoires dans les écoles de leurs districts respectifs, amélioraient la condition de l'instituteur, ouvraient des cours d'été pour le perfectionnement des membres du personnel enseignant, élaboraient des règlements, indiquaient exactement les droits et les devoirs des parents, des instituteurs, des autorités et des élèves, créaient des salles de lecture, des cours d'adultes, etc.

La première en date fut la conférence du district de Stara-Zagora en 1868.

« En 1868 », écrit M. J. TAGGER, « eut lieu le premier « congrès » (1) des instituteurs bulgares à Stara-Zagora. Libres de toute autorité centrale, les « congressistes » (plus de cinquante) élaborèrent ce qu'un ministère eût fait : ils composèrent des programmes et des plans d'études, choisirent des inspecteurs pour les écoles rurales, rendirent compte de leur

(1) Les *congrès*, dont parle ici M. TAGGER n'étaient à vrai dire que des *Conférences*, dans le genre des conférences actuelles des instituteurs, le premier *congrès* proprement dit n'eut lieu qu'en 1874, comme on verra dans la suite de ce passage.

activité, discutèrent et fixèrent les principes généraux des méthodes à employer, s'engagèrent à faire aux paysans des conférences, à réunir les chants nationaux, les antiquités, etc.

« Lorsque l'Exarchat Bulgare fut constitué, les écoles de Bulgarie entrèrent dans son ressort. Il s'occupa d'ouvrir de nouvelles écoles, de soutenir celles déjà existantes, fixant une quote-part des revenus des églises destinée à leur entretien; il s'occupa aussi de leur bonne marche par l'intermédiaire de ses organes, les autorités écclésiastiques; de leur direction uniforme en convoquant des congrès des instituteurs (1874); bref, il exerça le rôle d'un véritable Ministère de l'Instruction, comme il le fait aujourd'hui encore pour les écoles de Macédoine ».

Questions posées aux Conférences. — Pour donner une idée des questions qui furent débattues à ces conférences, citons notamment:

a) Comment et par quels moyens peut-on doter d'écoles toutes les communes rurales?

b) Comment les écoles existantes pourraient-elles le mieux être réorganisées?

c) Comment parviendra-t-on à avoir partout de bons instituteurs et un contrôle sérieux?

d) Quel est le meilleur programme pour les écoles?

e) Quels sont les meilleurs livres classiques?

f) Quelles améliorations sont à préconiser pour l'enseignement moyen (gymnases et progymnases) et comment pourrait-on les réaliser?

g) Quel est le meilleur programme pour l'enseignement moyen?

Résultats de ces Conférences. — Les résultats de ces conférences se ressemblaient étonnamment. Celle de la Bulgarie orientale, réunie à Schumen, émit entre autres l'avis que:

« Chaque village doit avoir une école que tous les enfants, sans exception, doivent fréquenter;

« Les parents, qui retirent leurs enfants avant la fin de l'année scolaire, doivent être punis;

« Dans les villages, l'année scolaire comportera neuf mois, du 15 septembre au 15 juin;

« Les enfants au-dessous de six ans ne seront pas admis;

« Ne peut devenir instituteur rural que celui qui aura achevé avec succès les études moyennes, exception faite pour ceux qui prouveront leur capacité par un examen spécial;

« Aucun instituteur ne peut quitter la classe avant l'heure fixée;

« L'instituteur ne peut être astreint à d'autres occupations que son travail d'école;

« Le consentement du Conseil Éparchial (1) est exigé pour toute nomination ou toute révocation d'instituteur;

« Les parents n'ont pas le droit de troubler par leur visite le cours de l'enseignement;

« Un comité scolaire sera exigé dans chaque commune; il se composera de trois membres élus pour un an;

« Le comité scolaire veillera aux intérêts de l'école et la visitera au moins une fois par semaine; il s'entendra avec l'instituteur au sujet des nécessités de l'enseignement et communiquera avec les parents;

« L'école élémentaire, de même que l'école moyenne, comprendra quatre divisions; chaque division embrassera une année et se terminera par un examen. »

La conférence de la Bulgarie méridionale, réunie à Philippopoli s'écarte quelque peu de ces conclusions en demandant la division de l'enseignement en élémentaire, moyen et supé-

(1) Le *Conseil Éparchial* est le Conseil du Diocèse (*Eparchia*, diocèse), assemblée de notables siégeant, sous la présidence de l'évêque. dans la métropole, et décidant des affaires scolaires et communales du temps de la domination turque.

rieur, d'une durée respective de quatre, trois et six ans.

Des programmes complets furent également combinés.

Nouvelles Complications et Délivrance. — Les conclusions de ces conférences furent envoyées à l'Exarchat Bulgare de Constantinople, mais elles ne reçurent aucun commencement d'exécution officielle par suite des complications politiques qui mirent toute la péninsule à feu et à sang. En 1876 se déclara la grande révolution, suivie peu après pai la guerre turco-russe, guerre qui eut pour conséquence la libération de la Bulgarie. Ce n'était évidemment pas le moment propice pour vaquer à des réformes scolaires, mais ces conclusions indiquent très exactement les tendances de cette époque de transition au point de vue éducatif, et méritaient ainsi d'être consignées.

La guerre de 1877-1879 trouva en Bulgarie assez d'écoles et quelques-unes entre elles assez bien organisées. Le prince DONDOUKOFF-KORSAKOFF, commissaire impérial russe, qui déploya tant d'activité pour réorganiser le pays, ne négligea pas l'instruction publique et créa la « Section de l'Instruction publique et des Cultes ». La Constitution votée par la Grande

Assemblée Nationale de Tirnovo dota la Bulgarie de six Ministères, dont un pour l'Instruction publique. A feu T. Bourmoff revint l'honneur d'avoir été en Bulgarie le premier ministre de l'Instruction publique.

Principes généraux du nouveau Ministère. — La tâche du nouveau Ministère, dit très bien le prof. J. Tagger, était aussi noble que difficile. Il fallait tout créer d'une pièce, il s'agissait d'implanter dans le pays désolé par cinq cents années du joug le plus sombre, tout ce que les autres nations avaient amassé et perfectionné pendant des siècles. On travailla avec l'énergie et la persévérance propres aux Bulgares ; on reprit le lendemain ce que l'on venait de rejeter.

On ne s'étonnera donc pas outre mesure en constatant qu'on fit beaucoup de fautes dans cette hâte et cette activité fiévreuses; mais, sans jamais se décourager, le Ministère resta fidèle à ses principes généraux, parmi lesquels on comptait surtout :

a) L'enseignement obligatoire, laïque, gratuit dans les écoles élémentaires;

b) L'enseignement à tous les degrés accessible à tous, suivant l'aptitude et le travail des élèves;

c) Augmentation du nombre des écoles, partout, sans s'arrêter à aucune considération d'argent ou autre ;

d) Des rapports étroits entre tous les degrés de l'enseignement, qui doivent être la continuation naturelle et rationnelle l'un de l'autre ;

e) L'égalité de l'homme et de la femme devant l'instruction, et cela, depuis l'école primaire jusqu'à l'Université inclusivement ;

f) L'école seulement laïque, réellement nationale, et n'appartenant qu'à la nation seule ;

g) L'école loin des luttes politiques et sociales;

h) La méthode une, libre, appropriée à l'âge des élèves ;

i) Le maître libre, laïque, estimé, à l'abri des luttes politiques, assuré matériellement autant que les ressources du pays le permettent; assuré aussi par une pension de retraite après quinze années de service (1) ;

j) La main largement ouverte pour tout ce qui se rapporte à l'œuvre scolaire.

Culture professionnelle. — L'idée de la culture professionnelle avait aussi germé de bonne heure. Les premiers essais en furent faits par la création de l'École de Commerce

(1) Après *quinze* années de service le professeur *révoqué* a droit à une pension fournie par le fonds des pensions de retraite.

de Sistow (1873), du Séminaire Théologique de Tirnovo (1874) et d'une École pour la Culture du Sol et l'Industrie. Les circonstances politiques n'étant pas propices, le développement de ces idées revint à la principauté nouvelle, qui s'acquitta de cette tâche avec le plus noble dévouement.

C'est de cette époque que date aussi l'introduction de la méthode d'épellation par émission des sons, du Bavarois STEPHANI, et de la méthode de lecture-écriture, surtout préconisée par JOSEPH A. KOWATSCHEFF, décédé en 1890 comme professeur de pédagogie à l'Université de Sofia.

Education des Filles. — L'éducation des filles suivit celle des garçons, quoique ne marchant pas à si grands pas que celle-ci. Les *Kilii* des couvents de religieuses à Samokov et à Kalifer constituèrent la première étape, et bientôt on érigea des écoles de filles avec des institutrices, écoles où l'on se borna à enseigner la lecture, l'écriture, le calcul élémentaire et la morale. Quand les écoles supérieures de filles de Stara-Zagora (1857) et de Gabrovo (1862) purent former des institutrices compétentes, le mouvement s'accentua et prit un développement étonnant, grâce surtout à Constantin Photinoff, le fondateur de la presse périodique bulgare, qui s'était toujours très activement préoccupé de la culture féminine.

Le système admis de la coéducation devait naturellement tourner à l'avantage de l'éducation féminine.

Coéducation. — Il est vrai que la question de la coéducation n'intéressait ni Photinoff, ni aucun homme d'école de son époque; elle n'existait pas même en tant que question, car on la considérait comme résolue par la nature sans qu'il y eût aucun sujet de discussion à y trouver. Des motifs d'ordre économique firent éclore l'école mixte qui se répandit bientôt par tout le pays. Après l'indépendance, le système étant si profondément entré dans les mœurs, et la pratique n'en ayant jamais accusé d'inconvénients, on le conserva, le continua, et c'est ainsi que jusqu'à présent la coéducation fait partie intégrante du système scolaire bulgare.

Education familiale. — L'éducation familiale marchait d'ailleurs de pair avec l'éducation scolaire, et jusqu'à présent elle est en très grand honneur en Bulgarie. Les liens du sang y sont si forts que presque chaque maison bulgare forme une petite communauté où deux à quatre générations demeurent ensemble et forment un seul tout complet. La question de savoir si la famille doit participer au travail de l'école est résolue affirmativement en Bulgarie par le développement historique du peuple, par les mœurs ancestrales et les idées religieuses nullement superficielles.

Livres Classiques. — Le premier livre classique néo-bulgare fut l'*Abécédaire* du Dr P. Beron, paru en 1824, et dont il a déjà été parlé plus haut. En 1826, J. Huber fit paraître *Deux fois cinquante-deux Histoires bibliques*, mais les progrès furent si minimes qu'en 1835 la Bulgarie ne possédait que *six* livres classiques. A partir de cette date mémorable dans l'histoire de la culture bulgare, l'intérêt du public lettré s'y concentra, et quarante ans après, en 1875, on était arrivé à un total de *quatre cent trente-quatre ouvrages*. Il est à remarquer que les auteurs n'avaient pas d'imprimerie bulgare à leur disposition, et que, vu l'animosité du gouvernement turc, ils devaient faire paraître leurs ouvrages à Vienne, Budapest, Belgrade, Bucharest, etc. Mentionnons surtout parmi les propagateurs des ouvrages neo-bulgares, le Dr P. Beron, Néophyte Rilsky,

NÉOPHYTE BOSWELY, K. PHOTINOFF et P. R. SLAWEYKOFF. Leur psychologie était rudimentaire, mais cependant ils contribuèrent largement à la diffusion de l'éducation.

Après l'indépendance, les progrès furent beaucoup plus marquants encore, et la Bulgarie dispose à présent d'un choix d'ouvrages d'éducation et d'enseignement à la hauteur des autres nations de l'Europe, ou peu s'en faut.

Depuis l'Indépendance — Depuis la proclamation de l'indépendance, l'éducation a pris un nouvel essor en Bulgarie. La législation scolaire bulgare ne date que du 29 août 1878, lorsque furent édictés les *Statuts provisoires sur les Écoles publiques* et les *Dispositions provisoires sur les Écoles réales*. Plus tard, au mois de septembre de la même année, parurent les *Dispositions provisoires sur les deux premières classes*, qui mirent fin à l'œuvre législative de la Section de l'Instruction publique en 1878; à partir de cette date commence une ère nouvelle avec l'apparition des *Dispositions provisoires sur les écoles à quatre classes* et les *Dispositions sur les cours pédagogiques temporaires*, du 28 avril 1879.

Les principes fondamentaux qui forment l'essentiel de ces dispositions législatives sont:

l'instruction primaire obligatoire pour les garçons âgés de sept ans et les filles âgées de six ans, ainsi que l'autonomie complète des communes en ce qui concerne les affaires scolaires. Les écoles publiques étaient divisées en trois catégories: *a*) écoles primaires, *b*) écoles moyennes ayant deux classes, *c*) écoles principales ayant quatre classes ; la coéducation pouvait exister là où il n'y avait pas possibilité de créer des écoles séparées pour les garçons et les filles, mais les garçons ne devaient pas avoir plus de douze, les filles plus de onze ans.

L'existence du comité scolaire fut sanctionnée comme institution indépendante. On créa le conseil scolaire départemental, composé de cinq membres élus par les électeurs du département entier « parmi les personnes qui ont la confiance de la population et qui se distinguent encore par l'intérêt qu'elles portent à l'œuvre de l'instruction publique ».

Jusqu'ici nous avons une espèce de *législation administrative*, si l'on peut s'exprimer ainsi. La législation dans le vrai sens du mot, non celle des règlements et des dispositions, mais des lois votées par l'Assemblée Nationale, n'apparaît qu'en 1880 avec la loi sur la transformation des écoles réales de Lom, Varna et Slivno en écoles ayant cinq classes, et avec la loi du 18 décembre 1880 sur le conseil de l'instruction publique et l'organisation des écoles d'État. Toute une série de lois et de règlements votés à partir de cette date avait déjà fixé et réglementé l'œuvre scolaire, quand le ministre GIVKOFF les condensa dans sa loi du 14 décembre 1891 en y ajoutant la question du traitement des instituteurs primaires, réglée ainsi pour la premièie fois.

La loi de GIVKOFF est la base fondamentale de la législation scolaire en Bulgarie. Elle a eu le soit, rare pour une loi bulgare, d'avoir duré une vingtaine d'années, abstraction faite de quelques modifications de détail. La loi de 1907 fit appliquer les principes de la loi de GIVKOIF en les élargissant et en les précisant. Actuellement, la loi en vigueur, votée en 1909 et complétée par des modifications en 1910, est dans le vrai sens du mot un Code de l'Instruction publique dans toutes les branches.

La loi de 1909-1910 est plus précise au sujet des titres de capacité; elle améliore le traitement du corps enseignant à tous les degrés et établit la catégorie des écoles : *a*) écoles primaires, durée : quatre ans ; *b*) progymnases, durée: trois ans; *c*) gymnases, durée: cinq ans; *d*) écoles supérieures, durée: quatre ans; *e*) écoles spéciales.

Elle apporte une réforme dans les écoles normales qui comprennent actuellement cinq années d'études, dont trois classes de gymnase et deux cours spécialement pédagogiques; elle crée une école technique, fonde les cours supérieurs complémentaires pour les professeurs des progymnases, complète et élargit tous les principes généraux qui forment la base de la législation scolaire bulgare.

Lois scolaires depuis 1878. — Voici le relevé des lois scolaires votées par l'Assemblée Nationale depuis la proclamation de l'indépendance:

A. Législation Administrative.

29 août 1878. — Statuts temporaires sur les écoles publiques.

29 août 1878. — Dispositions provisoires sur les écoles réales.

21 septembre 1878. — Dispositions provisoires sur les deux premières classes des écoles à classes.

28 avril 1879. — Dispositions provisoires sur les écoles d'État à quatre classes.

28 avril 1879. — Dispositions sur les cours pédagogiques temporaires.

B. Réorganisations.

6 septembre 1886. — Loi pour réorganiser les écoles réales de Lom, Varna et Slivno en écoles à cinq classes.

29 décembre 1888. — Dénomination des écoles à cinq classes de Varna et Slivno en gymnases pédagogiques, et celle de Lom en école pédagogique à trois classes.

C. Enseignement Primaire.

18 décembre 1880. — Loi sur la composition du Conseil de l'instruction publique et sur la réorganisation des écoles gouvernementales, etc.

3 avril 1883. — Loi sur le conseil de l'Instruction publique.

25 mai 1884. — Motion sur l'entretien matériel et l'organisation scolaire.

30 janvier 1885. — Loi sur les écoles publiques et privées.

14 décembre 1891. — Loi sur l'Instruction publique.

28 juin 1899. — Modifications et additions à la loi de 1891.

6 juillet 1899. — Modifications et additions à la loi de 1891.

31 décembre 1899. — Modifications et additions à la loi de 1891.

23 juin 1901. — Modifications et additions à la loi de 1891

22 mai 1903. — Modifications et additions à la loi de 1891.

23 janvier 1904. — Modifications et additions à la loi de 1891.

D. *Enseignement secondaire et normal.*

22 février 1897. — Loi sur l'instruction secondaire des jeunes filles.

24 juin 1899. — Modifications à la loi du 22 février 1897.

20 janvier 1905. — Loi pour payer des taxes aux instituteurs et aux institutrices des écoles primaires.

24 juin 1905. — Modifications et additions à la loi du 20 janvier 1905.

13 février 1906 — Modifications et additions à la loi du 20 janvier 1905.

17 février 1907. — Modifications et additions à la loi du 20 janvier 1905.

12 janvier 1904. — Loi sur les taxes scolaires dans les écoles secondaires.

E. Écoles supérieures et Université.

10 décembre 1888. --- Loi portant ouverture de l'école supérieure à Sofia.

20 décembre 1896. --- Loi sur l'école supérieure.

18 décembre 1898. --- Modifications et additions à la loi du 20 décembre 1886.

24 janvier 1900. --- Modifications et additions à la loi du 20 décembre 1896.

23 avril 1903. --- Modifications et additions à la loi du 20 décembre 1896.

21 janvier 1904. --- Loi sur l'Université.

18 février 1907. --- Loi sur l'Université.

20 février 1909. — Modification de l'art. 47 de la loi du 18 février 1907.

6 février 1896. — Loi sur l'école de dessin de l'État.

15 décembre 1907. -- Loi sur la section technique à l'Université.

F. Inspectorat.

18 mai. 1879. — Dispositions sur les Inspectorats.

22 décembre 1882. — Loi sur les circonscriptions scolaires.

30 janvier 1885. — Loi sur les inspecteurs scolaires départementaux.

29 décembre 1889. --- Loi sur les inspectorats scolaires.

31 décembre 1898. --- Loi sur les inspectorats des écoles primaires et progymnases.

27 ju'n 1903. --- Modifications et additions à la loi du 31 décembre 1898.

12 janvier 1904. --- Modifications et additions à la loi du 31 décembre 1898.

13 février 1907. - - Modifications et additions à la loi du 31 décembre 1898.

31 décembre 1899. --- Motion pour accorder des frais fixes dans la loi sur les inspectorats scolaires (art. 12).

Ces diverses lois sont toutes abrogées et remplacées par:

18 janvier 1909. --- Loi sur l'Instruction publique.

3 mars 1910. --- Modifications et additions à la loi de 1909.

Conclusion. --- Ce coup d'œil rapide sur l'évolution de l'éducation en Bulgarie est certes incomplet, mais dans les pages suivantes, où chaque subdivision du système scolaire se trouve traitée avec toute l'ampleur qui lui convient, on trouvera encore des notices historiques se rattachant à ce qui vient d'être dit ici. Tel qu'il est, cependant, cet aperçu nous montre clairement combien les Bulgares apprécient les bienfaits de l'éducation, et comment cette appréciation les a conduits à organiser un système scolaire qui, comme nous le disions déjà dans notre *Préface*, met la Bulgarie au niveau des nations les plus cultivées de l'Europe occidentale.

Les chapitres suivants, dans lesquels nous reproduisons les textes de documents officiels, montreront encore davantage la haute vérité de cette affirmation.

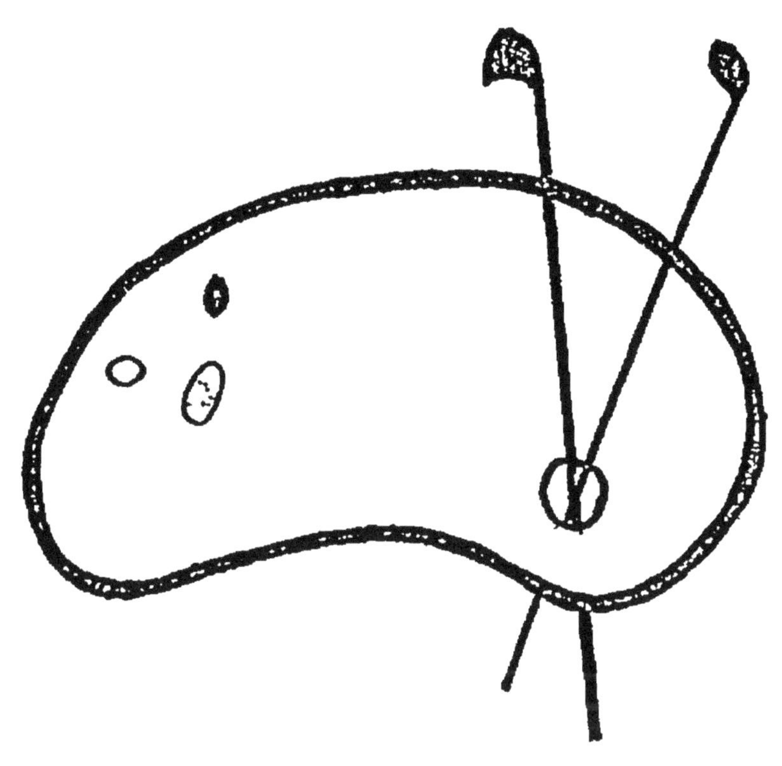

Illustrations en couleur

Une école primaire urbaine (à Vidin).

I. L'Enseignement Primaire.

DIVISION. — L'enseignement primaire en Bulgarie peut se diviser en quatre parties distinctes : A. l'éducation du premier âge, écoles Frœbel, ou salles d'asile ; B. l'enseignement primaire proprement dit, élémentaire ; C. les cours supérieurs de l'école primaire ; D. les écoles privées. Chacune de ces divisions sera traitée ici séparément, à commencer par

A. LES ÉCOLES FRŒBEL.

INSUFFISANCE. — On n'est pas encore suffisamment pénétré en Bulgarie de l'utilité des écoles Frœbel, qu'on y appelle *salles d'asile* ; les communes se montrent indifférentes pour ce genre d'écoles. Nombre d'inspecteurs scolaires de départements déclarent dans leurs rapports qu'il n'y a pas *une seule école enfantine* dans leur département... Le nombre de toutes les salles d'asile dans le Royaume s'élève à 52 et cela en comptant les salles d'asile privées (16) et les divisions préparatoires qui sont au nombre de 12.

Utilité bien reconnue. — Les écoles enfantines — c'est ce que font ressortir tous les inspecteurs scolaires de département — sont utiles et même indispensables là ou la population est mêlée : c'est là que les enfants apprennent à s'exprimer plus couramment en bulgare; c'est là que leurs facultés sont mieux développées; c'est là aussi qu'ils prennent de bonne heure les habitudes de propreté, de civilité et de travail.

Le devoir de l'État. — Tout fait voir que la tâche d'ouvrir des salles d'asile reviendra à l'État. Les principaux obstacles s'opposant au succès de ces écoles sont la difficulté de trouver un local convenable et le manque de ressources. Si la commune s'engage à fournir le local et si l'État se charge du traitement du personnel, il n'est pas impossible de voir avec le temps chaque chef-lieu de département et d'arrondissement muni au moins d'une salle d'asile.

Ecoles Frœbel existant à ce jour. — Jusqu'ici, le département de Varna et celui de Philippopoli sont ceux qui comptent le plus grand nombre d'écoles enfantines; celui de Sofia ne vient qu'en troisième lieu: 8 écoles enfantines, dont 6 entretenues par les communautés non orthodoxes. Il n'y a que deux salles d'asile communales: à Varna et à Choumla.

Le nombre des enfants fréquentant les salles d'asile s'élève à 2958, dont 1444 garçons et 1514 fillettes. Ces enfants sont âgés de 4 à 7 ans.

Le nombre des institutrices est de 58 et celui des instituteurs de 4 seulement.

B. L'ENSEIGNEMENT PRIMAIRE ELEMENTAIRE.

Les premières Ecoles. — Pendant bien longtemps la Bulgarie n'a connu d'autre écoles que celles appelées « Kilii », quelque chose comme des cellules, petites pièces sombres et tristes, déstinées à recevoir les enfants et rappelant bien le moyen-âge. Le maître était souvent un modèle d'ignorance. Il était engagé aux frais des parents qui lui envoyaient leurs enfants. Les élèves fournissaient à tour de rôle à l'instituteur le bois de chauffage et lui payaient 20 à 30 centimes par semaine.

Réveil de l'Esprit national. --- Mais les Bulgares plus éclairés ne tardèrent pas à comprendre qu'avant de secouer le joug politique il fallait réveiller l'esprit national, la conscience nationale; et l'un des plus puissants moyens pour arriver à ce but était l'instruction. Dans une période relativement courte, au milieu et vers la seconde moitié du XIXe siècle, des écoles furent ouvertes partout, des livres de classe furent composés, les méthodes furent perfectionnées, en un mot l'œuvre scolaire prit une organisation large et solide et devint prête pour la liberté.

La Bulgarie délivrée apprécia comme il le fallait l'importance de l'école primaire. Elle s'efforça de la placer à la hauteur qu'elle a chez les peuples d'une culture plus avancée. Le Bulgare avide d'instruction se montra prêt à faire tout ce qu'on lui proposait pour secouer les dernières traces du joug. Aussi quelques années après la délivrance les écoles bulgares ne laissaient rien à désirer au point de vue du nombre.

Réformes de l'Enseignement. --- Mais

Une école primaire rurale à Gorna-Stoudena,
village aux environs de Plevna.

au point de vue de l'enseignement, et de l'organisation, tout avait besoin de réformes, d'améliorations, de changements et de stabilité. Ici, la Bulgarie n'avait que l'embarras du choix: lois, règlements, programmes, étaient tout faits dans les autres pays. A cette époque, une pléiade de jeunes gens bulgares allèrent à l'étranger pour faire leurs études dans les universités. Ils étudièrent de près l'organisation et le fonctionnement des écoles, les programmes, les méthodes, les lois, etc.; de retour dans leur pays il fut donné à plusieurs d'entre eux d'occuper les postes les plus élevés dans le ressort de l'Instruction publique. Alors, sans hésiter, ayant devant eux un champ libre de toutes traditions et une liberté d'action complète, ils introduisirent dans le pays ce qu'ils avaient trouvé de plus perfectionné à l'étranger; ils adoptèrent les lois et règlements qui répondaient le mieux aux exigences modernes, ils mirent en usage les méthodes et les procédés les plus récents, le tout fiévreusement et résolûment. C'était une époque de transition, mais déjà certains principes se cristallisaient et leur application avait pour conséquence heureuse d'élever rapidement le niveau de l'école primaire.

Intervention de l'Etat. --- Par la loi de 1891, l'État, qui jusque là avait laissé l'entretien des écoles primaires à la charge des communes, se chargea d'une partie des dépenses ; on procéda à une application plus systématique de l'obligation sur l'instruction primaire ; enfin on s'occupa d'améliorer la situation matérielle de l'instituteur primaire. Jusqu'en 1891, tout le traitement du personnel enseignant dans les écoles primaires était payé par les communes, et dans des proportions fixées par elles ; l'instituteur était obligé de faire un marchandage avec la commune pour obtenir quelques francs en plus, et de prier constamment pour toucher son traitement. Mais l'article 182 de la loi de 1891 porte : « Les deux tiers du traitement des instituteurs dans les écoles communales, cantonales ou départementales, sont payés par l'État». On mit fin au marchandage de l'instituteur en lui allouant des appointements fixes (940, 1200, 1500 et 1800 fr. dans les villes ; 720, 840, 1080 et 1200 fr. dans les villages) ; en même temps on décida que la promotion d'une classe à une autre n'aurait plus lieu d'après le bon vouloir de la commune, mais après cinq années de service.

En échange de ces avantages, on exigea de l'instituteur primaire des titres de capacité plus élevés, une instruction pédagogique ou secondaire complète, et surtout un examen d'Etat au professorat dans les écoles primaires. De nouvelles dispositions législatives améliorèrent le traitement des instituteurs primaires, accordèrent les mêmes appointements aux instituteurs des écoles primaires urbaines et rurales (1899), et, mesure capitale, l'État se chargea de payer en entier tout le traitement des instituteurs (1904); enfin, par la loi de 1909, la situation matérielle de l'instituteur primaire fut sensiblement améliorée. Le relèvement du niveau de l'école primaire marchait de pair avec ces mesures, les programmes se fixaient, les méthodes se perfectionnaient, enfin l'école primaire bulgare s'élevait par degrés à la hauteur qu'elle doit avoir dans un pays de suffrage universel et de mœurs démocratiques.

Dispositions Génerales. — Les dispositions générales touchant l'école primaire en Bulgarie sont :

1) L'instruction primaire est obligatoire et gratuite, d'une durée de 4 ans; 2) Les écoles primaires sont laïques; les maîtres sont laïques;

3) Les écoles publiques sont entretenues par l'État, les départements ou les communes ; les écoles privées seulement par les particuliers, les sociétés ou les associations qui les ont fondées ; 4) Chaque commune ou chaque village qui compte 50 maisons doit avoir au moins une école primaire; 5) Les villages qui comptent moins de 40 maisons, et ne sont pas à même d'avoir une école, se réunissent pour avoir une école commune, à condition qu'ils ne soient pas distants l'un de l'autre de plus de 3 kilomètres; 6) Les écoles primaires peuvent être communes aux deux sexes; 7) Le nombre des élèves dans une division (classe) ne peut pas dépasser 50 ; 8) La promotion d'une classe dans une autre a lieu en vertu d'un examen annuel; 9) L'année scolaire dure du 1 septembre au 29 juin dans les villes et du mois de septembre au commencement de mai dans les villages ; 10) Le local scolaire est destiné seulement à donner l'enseignement et ne peut être employé à d'autres usages; 11) Près de la maison d'école et dans un rayon de 50 mètres, il ne peut y avoir ni cabarets, ni cafés, ni restaurant où l'on vend des boissons, ni aucun établissement ou endroit pouvant présenter des dangers au point de vue

Vue des Ecoles primaires de Lom.

de l'hygiène ou de la morale, ou être de nature à troubler la tranquillité. 12) Chaque commune est tenue de construire un local scolaire dans un delai de dix ans à partir de la promulgation de la loi de 1909. Si une commune ne le fait pas, l'État fait construire l'école pour le compte de la commune, en contractant l'emprunt nécessaire à cet effet. 13) Dans le but de faciliter dans l'avenir l'entretien des écoles primaires, chaque commune est tenue de constituer un fonds scolaire formé des revenus des immeubles et capitaux appartenant à l'école, des revenus des terres labourées, des forets et pâturages appartenant à la commune, de diverses amendes, divers impôts, taxes et autres. 14) Un comité scolaire agit au point de vue scolaire comme commission du conseil municipal. Les membres du comité scolaire sont élus de la même manière que les membres du conseil municipal. Le maire en est le président de droit. Le comité scolaire est tenu de s'occuper de la constitution de fonds et de revenus pour l'école, de préparer le budget de l'école, de veiller sur les biens, sur la propreté, sur l'application de l'instruction obligatoire, de visiter l'école une fois par semaine et de fournir à l'école tout ce qui est nécessaire; il est tenu aussi de veiller à ce que les enfants fréquentent l'école. Les femmes âgées d'au moins 25 ans peuvent, si elles ont reçu au moins une instruction secondaire, être élues membres du comité scolaire. 15) Le conseil scolaire départemental est l'intermédiaire entre le comité scolaire et le Ministère; il s'occupe du progrès de l'œuvre scolaire dans tout le département, examine les affaires contentieuses issues en matière scolaire, fixe et impose les amendes pour la non-application de l'instruction obligatoire, émet son avis sur la révocation des instituteurs, sur l'ouverture des écoles, accorde des bourses, etc. 16) Les peines disciplinaires étaient autrefois imposées par les conseils scolaires, mais puisque les passions politiques n'étaient pas toujours étrangères en infligeant ces peines, la nouvelle loi de 1909 institue une commission de discipline près chaque conseil scolaire départemental. Cette commission est composée de trois membres du conseil scolaire départemental (le président du tribunal, le président du comité scolaire et un instituteur primaire élu par ses collègues). L'accusation est introduite et soutenue par l'inspecteur scolaire départemental. 17) La Bulgarie se divise en douze circonscriptions scolaires ou académies, autant qu'il y a de circonscriptions administratives (départementales). Un inspecteur est placé à la tête de chaque circonscription. Il s'occupe de faire exécuter les dispositions des lois et règlements et les prescriptions du ministère, de faire appliquer l'instruction obligatoire, d'inspecter les maîtres et les écoles, de faire construire et réparer les écoles, de la fourniture du matériel, de l'état hygiénique des écoles, de donner son avis lors de la composition des budgets scolaires. Les inspecteurs scolaires départementaux sont assistés par les inspecteurs scolaires cantonaux. 18) Pour être nommé instituteur titulaire dans une école publique, il faut être sujet bulgare, avoir un passé irréprochable, être exempt de défauts corporels, avoir terminé l'école pédagogique, avoir fait un stage comme candidat au moins pendant un an et avoir passé l'examen d'État. 19) Dans les écoles primaires sont enseignées les matières suivantes: Enseignement religieux, Langue bulgare, Calcul et Dessin linéaire, Géographie de la Bulgarie, Enseignement civique et Notions sommaires sur la Géographie générale, Histoire naturelle et Éléments de l'Économie domestique et rurale et de l'Hygiène, Dessin et Calligraphie, Chant, Gymnastique, Travaux manuels (couture). 20) Pour donner aux jeunes gens qui ont fait seulement des études primaires la possibilité d'élargir le cercle de leurs connaissances et de se mieux prépaier à la vie pratique, pour permettre aussi aux peisonnes plus âgées n'ayant reçu aucune instruction d'acquérir les connaissances les plus indispensables, les communes sont tenues d'ouvrir des cours complémentaires (le jour, le soir ou les dimanches) dans chaque commune ou village où il y a une école. La fréquentation de ces cours est obligatoire pour tous les enfants qui, ayant terminé les études de l'école primaire et n'ayant pu suivre les cours d'un progymnase ou d'une école spéciale, n'ont pas encore atteint l'âge de 14 ans. L'obligation s'étend également aux enfants qui travaillent dans une manufacture, un établissement industriel ou dans un atelier. Les patrons de ces établissements et ateliers sont tenus, sous peine d'amende variant de 5 à 25 francs par élève (imposée par le conseil scolaire départemental), de permettre aux enfants mineurs de fréquenter ces couis.

Nombre des Ecoles. — Pendant l'année scolaire 1908-1909 le nombre des écoles primaires publiques dans le Royaume de Bulgarie s'est élevé à 3352, parmi lesquelles 232 (soit 7 %) sont urbaines, et 3120 (soit 93 %) rurales. Ces chiffres sont éloquents si on les compare à ceux que nous avons fournis p. 20 (§. *Ce que raconte un élève des Kilii*). Dès 1880 d'ailleurs, à peine deux ans après l'indépendance, le nombre des écoles était de 2211, et en 1888 il était déjà monté à 3040.

Sur ces 3352 écoles, on ne compte que 18 écoles de garçons, les autres sont toutes mixtes.

Fréquentation Scolaire. — Le législateur bulgare a pris les mesures suivantes pour appliquer l'instruction obligatoire avec autant de succès que possible :

1) Tous les enfants âgés de 6 à 12 ans (7 à 12 ans pour les filles), sont tenus de recevoir l'instruction primaire dans les écoles publiques ou privées ou à domicile. 2) Tous les ans, le maire dresse la liste de tous les enfants en âge de fréquenter l'école primaire, et il l'envoie au président du comité scolaire ; copie en est envoyée à l'inspecteur scolaire départemental et à l'instituteur principal. 3) Chaque élève est tenu de fréquenter régulièrement l'école.

Il peut s'absenter dans les cas suivants: a) lorsqu'il est malade ou lorsque quelqu'un des siens étant malade, son absence de l'école est indispensable; b) lorsque le temps est très mauvais (orage, pluie torrentielle, fortes neiges ou grand froid); c) lorsqu'il y a un malheur ou une fête dans la famille. 4) Si un élève s'absente en dehors des cas énumérés ci-dessus, l'instituteur rappelle à chaque demi-journée d'absence aux parents ou aux tuteurs, qu'ils seront passibles d'amende s'ils ne justifient pas les absences faites. 5) Pour chaque absence d'un jour non justifiée par des motifs valables, les parents ou les tuteurs sont passibles d'une amende de 20 à 50 centimes, imposée par l'inspecteur scolaire départemental. En cas d'absence dépassant 10 jours, sans motifs justifiables, les parents sont passibles d'une amende de 5 à 25 francs, imposée par le conseil scolaire départemental, sur la proposition de l'inspecteur scolaire du département. 6) Les amendes sont perçues par le percepteur-secrétaire dans un délai de cinq jours à partir de la notification faite par l'inspecteur scolaire départemental, et elles sont versées au comité scolaire. 7) L'instituteur principal qui ne tient pas exactement cette liste, ou ne donne pas avis touchant les parents ou les tuteurs coupables d'infraction à la loi, sera puni disciplinairement.

Absentéisme. — Malgré toutes les rigueurs de la loi, l'application du principe de l'instruction obligatoire n'a pas donné jusqu'ici les résultats attendus. Pour l'année 1908-1909 nous avons les données suivantes:

1) Nombre des enfants en âge de fréquenter l'école: 254.659 g. + 221.084 f. = 475.743

2) Nombre des enfants fréquentant l'école primaire: 223.575 g. + 137.925 f. = 361.500

3) Nombre des enfants ne fréquentant pas l'école primaire: 31.084 g. + 83.159 f. = 114.243

Causes de l'Absentéisme. — Parmi les motifs qui ont empêché d'appliquer en entier le principe de l'instruction obligatoire, il faut citer les suivants:

1) Il n'y a pas de bâtiments scolaires suffisamment grands pour recevoir tous les enfants en âge de fréquenter l'école primaire. Les instituteurs sont souvent obligés de refuser, faute de place, les enfants qui se présentent.

2) La négligence des comités scolaires et des autorités préposées à l'école et qui n'ap-

pliquent pas strictement les prescriptions de la loi sur l'instruction obligatoire.

3) La pauvreté, l'apathie ou l'ignorance des parents qui forcent leurs enfants à quitter l'école pendant l'année.

Corps Enseignant. — Pendant l'année scolaire 1908-1909 le nombre des instituteurs et des institutrices dans les écoles primaires publiques s'est élevé à 8204. Sur ce nombre 4509 sont instituteurs ($54._{96}$%) et 3695 institutrices ($45._{04}$%).

Pour les deux dernières périodes décennales nous avons:

1880 —	Instituteurs	2522,	Institutrices	322	Total	2844
1888/1889	„	4527,	„	1459	„	5986
1908/1909	„	4509,	„	3695	„	8204

Le nombre des élèves ayant fréquenté les écoles primaires publiques s'est élevé pour l'année 1909 à 361.500 et celui des instituteurs et institutrices ayant professé dans ces écoles à 8204. Donc il revient en moyenne 44 élèves à chaque instituteur ou institutrice.

Instruction professionnelle. — Au point de vue de l'instruction professionnelle, les instituteurs et les institutrices se répartissent comme suit:

1) Après la délivrance de la Bulgarie on

Les élèves et leur instituteur (de l'école rurale de Boyana, un tout petit village aux environs de Sofia).

ouvrit des cours pédagogiques provisoires d'une durée de 2 mois. Cette durée fut portée plus tard à un an. Pendant l'année 1908-1909 il y avait 134 (118 h.; 16 f.) instituteurs ayant reçu l'instruction dans ces cours. La retraite attend ces vétérans.

2) La retraite attend également les instituteurs qui ont fait les études des Ire, IIe et IIIe classes seulement; ils sont au nombre de 344, dont 301 instituteurs et 43 institutrices.

3) Les instituteurs ayant fini les études de la IVe classe sont au nombre de 225 (180 h.; 45 f.).

4) Ceux ayant fini les études de la Ve classe du gymnase sont au nombre de 114 (69 h.; 45 f.).

5) Les instituteurs ayant fini les études de la VIe ou de la VIIe classe du gymnase se répartissent en deux catégories; ceux qui ne sont pas munis du certificat de maturité: 364 (dont 119 h. et 245 f.), et ceux qui en sont possesseurs: 3859 (942 h. et 2917 f.).

6) Les instituteurs ayant fini le Ir ou le IIe cours de l'école pédagogique sont au nombre de 60 (49 h.; 11 f.).

7) Les instituteurs ayant fini les études du IIIe et du IVe cours de l'école pédagogique

se répartissent en deux catégories: ceux qui ne sont pas munis du certificat de maturité: 336 (215 h.; 121 f.) et ceux qui en sont possesseurs: 1976 (1727 h.; 249 f.).

8) La loi de 1891 donnait le droit aux jeunes gens ayant fait les études du séminaire de devenir instituteurs. Pendant l'année 1909 il y en avait en tout 410, dont 369 avec une instruction secondaire complète.

9) La même loi de 1891 permettait aux élèves ayant terminé l'école d'agriculture de devenir instituteurs. Pendant l'année 1909 il y en avait 349, dont 320 munis du certificat de maturité.

Ainsi donc, indépendamment de l'examen d'Etat, pendant l'année scolaire 1908—1909 il y avait en Bulgarie 6524 instituteurs et institutrices ayant une instruction secondaire complète et munis du certificat de maturité, $79.^{52}\,{}^{0}/_{0}$ sur le contingent général, et 1780 soit $20.^{48}\,{}^{0}/_{0}$ n'ayant pas pas les titres de capacité nécessaires.

Classement des Instituteurs d'après la loi de 1909. — Les instituteurs qui sont munis d'un certificat de maturité, les seuls qui ont le droit d'être nommés, sont nommés d'abord stagiaires ou candidats, et après avoir passé l'examen d'État ils deviennent titulaires de V^e^ classe. Le traitement prévu par la loi de 1909 se compose comme suit: V^e^ cl. 1440 fr.; IVe cl. 1680 fr.; IIIe cl. 1920 fr.; IIe cl. 2160 fr.; I^e^ cl. 2400 fr. Les candidats touchent un traitement unique de 1020 fr. par an.

Chaque commune verse par an pour chaque instituteur 400 fr., perçus par l'État.

Pendant l'année scolaire 1908—1909 il y avait en Bulgarie.

V^e^ classe:	instituteurs:	1053,	institutrices:	661
IVe »	»	622,	»	353
IIIe »	»	717,	»	243
IIe »	»	307,	»	44
Provisoires:	»	283,	»	113
Candidats:	»	1527,	»	2281

Œuvres post-scolaires. — « Le temps est bien loin », écrit un inspecteur scolaire départemental, « où le corps enseignant des écoles primaires travaillait avec ardeur, s'efforçant d'exercer hors de l'école son activité civilisatrice et apporter sa part à l'œuvre culturale de la nation. Alors l'instituteur se considérait comme appelé à jouer le grand rôle qui lui incombe en tant que facteur intelligent dans les pays arriérés; il brûlait du désir ardent d'aider son pays, et, enthousiasmé par l'idéal d'élever le niveau intellectuel de la masse du peuple, il voulait l'instruire, lui ouvrir de nouveaux horizons. Mais cet enthousiasme n'existe plus de nos jours ».

Les motifs de cette indifférence du corps enseignant des écoles primaires sont: 1) les conditions de la vie bien dures dans les villages, 2) la vie peu confortable pour l'instituteur des écoles rurales, 3) la cherté de la vie et parallèlement à cela, les besoins nouveaux, difficiles à satisfaire, 4) l'ignorance de la population rurale, 5) le manque de locaux nécessaires, 6) la situation matérielle précaire de l'instituteur laquelle a tué en lui toute énergie et toute volonté pour travailler en dehors de l'école.

Ces motifs et d'autres encore ont été cause que les instituteurs ont reporté leur activité non plus dans le domaine de l'instruction, mais sur les questions sociales et politiques qu'ils veulent transformer.

Pendant l'année 1908-1909 le nombre des cours du soir et du dimanche ouverts par les instituteurs s'élèvent à 88; ils ont été fréquentés par 3240 auditeurs (3094 h. et 146 f.), dont 2982 sachant lire et écrire. Les instituteurs

Colonie d'été pour des élèves de l'école primaire.
(A Pantcherevo près Sofia).

concentrent toute leur activité dans la Fédération des instituteurs bulgares.

Fédération des instituteurs bulgares. — En 1895 un mouvement se fit jour parmi le corps enseignant des écoles primaires, dans le but d'améliorer la situation matérielle de l'instituteur et de sauvegarder ses droits de citoyen. Des sociétés cantonales se formèrent partout et elles envoyèrent des délégués à Sofia, pour se constituer en en Fédération.

Le but de la Fédération est: 1) de s'occuper de conserver l'indépendance de l'instituteur comme citoyen et comme facteur de la société, et de consolider sa situation matérielle, 2) de s'efforcer de développer normalement et progressivement l'œuvre scolaire dans le pays.

La Fédération intervient pour défendre les instituteurs illégalement révoqués et leur vient en aide pécuniairement, contribue au perfectionnement intellectuel et pédagogique de ses membres, examine les lois, les règlements et les prescriptions se rapportant à l'œuvre scolaire, et donne son avis sur les réformes urgentes, s'efforce de constituer des sociétés là où il n'y en a pas, etc.

La Fédération se compose de toutes les

sociétés cantonales qui acceptent ses statuts. Tout instituteur peut être membre de la société, contre une cotisation de 5 fr. par an. Chaque société est représentée au Congrès par un délégué; le Congrès est l'institution suprême de la Fédération; il se réunit chaque année à Sofia pendant les grandes vacances. La Fédération a son organe, « *Seznanie* ».

Réfectoires gratuits pour enfants. — Sur l'initiative des instituteurs primaires et des professeurs, il a été fondé, dans la plupart des villes du Royaume, des sociétés ayant pour but de de donner des dîners gratuits au plus pauvres enfants, principalement à ceux des écoles primaires.

Dans les rapports des inspecteurs scolaires départementaux il n'y pas de données sur les réfectoires gratuits. La société instituée à cet effet à Sofia, possède deux réfectoires où 315 enfants reçoivent la nourriture. Les revenus de l'année 1909 se sont élevés à 19.561 fr. soit 1958 fr. de plus qu'en l'année 1908. Les frais se sont élevés à 15.183 fr.

Colonies d'été pour enfants. — La première colonie d'été pour enfants a été fondée en Bulgarie par le Ministère de l'Instruction publique en 1904, dans le village de Legéné

Réfectoire gratuit pour enfants (à Sofia).
1) L'établissement central. — 2) 1ère Succursale. — 3) La salle à manger.

(Tchepino), exclusivement aux frais de l'État. Dans un rapport circonstancié adressé au Ministère, la direction faisait ressortir les avantages bienfaisants de ces colonies d'été pour les enfants pauvres et chétifs.

Le but du Ministère était simplement de provoquer l'initiative privée, de faire la propagande de l'idée des colonies d'été dans le public. Il réussit parfaitement, puisque des sociétés pareilles se fondèrent partout.

La société des colonies d'été pour enfants la mieux organisée est celle de « *Zdravetz* » à Sofia, fondée en 1905. Elle a réussi à avoir un terrain et un local commode au village de Pantcharevo.

Société pour fournir des vêtements gratuits aux enfants. — Sur l'initiative des instituteurs primaires, il a été fondé à Sofia une société pour fournir gratuitement des vêtements aux enfants indigents. La société ne compte que cinq années d'existence, mais elle a déjà déployé une grande activité en distribuant aux enfants des vêtements, des casquettes, des souliers, etc.

Livres et Revues pour enfants. — L'instruction des élèves de l'école primaire est complétée et élargie sensiblement par les livres et revues à l'usage des enfants, les uns traduits, les autres originaux; le nombre de ces publications augmente d'année en année. Déjà durant l'époque de la domination turque des instituteurs avaient compris l'utilité des livres de lecture, destinés aux enfants, et avaient composé un certain nombre d'ouvrages de ce genre. Après la délivrance, la littérature à l'usage des enfants continua à se développer, quoique lentement. Un large part de cette œuvre pendant cette époque revient à l'ancien instituteur Elie R. Bleskoff, dont les livres ont été la lecture favorite des enfants durant les premières années après la délivrance.

A partir de 1890 cependant, quand le personnel enseignant des écoles primaires commença rapidement à s'améliorer, quand les cadres des instituteurs furent complétés par de jeunes maîtres bien préparés, quand l'école primaire enfin prit plus de stabilité, les livres et revues à l'usage des enfants augmentèrent constamment. Chaque année paraissaient des livrets destinés aux enfants des écoles primaires.

Tout ce qu'il y a de meilleur dans la littérature pour enfants en russe, en français, en allemand, en italien et en anglais est traduit en bulgare et offert à des prix forts minimes

Groupe d'élèves de Philippopoli, ayant terminé leurs études d'école primaire.
(L'institutrice est au milieu).

à nos enfants. Cette littérature est des plus variées : poésies, histoire, littérature, histoire naturelle, etc. ANDERSEN, DE AMICIS, les Frères GRIMM, SHAKESPEARE pour enfants, sont les favoris des petits écoliers bulgares; des recueils choisis de contes et de chants nationaux, de petits ouvrages littéraires, les biographies des Bulgares célèbres, de petits livres popularisant l'histoire naturelle, la géographie, l'histoire nationale, complètent aujourd'hui les œuvres traduites de l'étranger. La littérature bulgare à l'usage des enfants — ouvrages traduits ou originaux, — compte des centaines de numéros qui pénètrent largement dans les coins les plus reculés du pays et qui sont d'une grande utilité pour élever l'esprit et le moral des petits citoyens.

Journaux pour Enfants. — Ce qui contribue encore au développement de l'instruction des enfants en dehors de l'école, sont les journaux à l'usage des enfants, dont le plus ancien : *Zvezditza*, est répandu par milliers dans tout le Royaume Bulgare et compte déjà dix-huit années d'existence. Le nombre des journaux pour enfants n'est pas grand (7) par rapport au nombre des élèves, mais ils suffisent à peu près au besoin. Ces journaux sont rédigés exclusivement par des instituteurs primaires. Il est vrai que ce ne sont pas des écrivains fort connus, mais leurs relations continuelles avec les enfants leur montrent la voie à suivre comme rédacteurs, et ils font tout ce qui dépend d'eux pour satisfaire le goût et les besoins intellectuels, moraux et esthétiques des petits lecteurs. Dans ces revues, il y a tout d'abord des contes et des chants nationaux, de petites poésies, arrangées de façon à éveiller les meilleurs sentiments chez les enfants. Puis viennent des lectures par lesquelles on donne aux petits lecteurs des connaissances sur l'histoire naturelle et l'hygiène, l'ethnographie, l'histoire, la géographie, l'enseignement civique, la physique, même l'astronomie ! Les dernières pages sont ordinairement consacrées à diverses sortes d'amusements : rébus, devinettes, problèmes récréatifs et autres, souvent complétant les connaissances des enfants sur quelque matière d'enseignement.

Ordinairement le tout est accompagné d'illustrations dont quelques-unes sont fort belles et souvent empruntées aux plus célèbres artistes. La majorité des enfants dans les écoles primaires appartiennent par leur situation matérielle à des parents pauvres ou peu aisés; malgré cela les revues pour enfants, même la revue humoristique *Vexelouchka*, comptent un grand nombre d'abonnés, 5000 à 15000.

Ces revues pour enfants laissent à désirer sur certains points, mais elles parviennent cependant à satisfaire les petits lecteurs et lectrices, et il est à espérer qu'avec le temps elles deviendront un facteur encore plus important pour le développement intellectuel des enfants et des adolescents. Remarquons encore que les revues pour enfants sont l'œuvre exclusive de l'initiative privée, et qu'elles existent seulement grâce aux minimes abonnements, 1,50 à 2 fr. par an.

***

C. ÉCOLES PRIMAIRES SUPÉRIEURES.

Premiers Essais. — Dans le but de contribuer à étendre l'instruction dans le pays et de placer l'enseignement primaire à la hauteur qu'il doit avoir, le législateur de 1891 a décidé que l'enseignement primaire doit durer six ans et être réparti en trois cours: premier ou élémentaire, moyen et supérieur, chacun d'une durée de deux ans (art. 25). On imitait ainsi ce qui existe en France et en Belgique. Les conditions réelles de la vie en Bulgarie ne permettaient cependant pas d'appliquer cette disposition, puisqu'il n'y avait pas un personnel suffisant, même pour les quatre premières divisions.

Diminution des années. — Les cours supérieurs des écoles primaires qui furent ouverts ne donnèrent pas les résultats attendus, et, après quelques années (1898), ils furent fermés et on statua de nouveau que l'instruction primaire devait durer quatre ans et comprendre deux cours, inférieur et supérieur, chacun d'une durée de deux ans (divisions).

Cette mesure ne pouvait pas satisfaire le législateur, puisque quatre années d'instruction primaire n'étaient pas suffisantes partout, dans beaucoup de villages surtout où l'année scolaire ne durait pas toujours dix mois et où les enfants quittaient l'école avec des connaissances fort bornées.

Organisation de 1906. — On songea à porter de quatre à cinq ans la durée de l'instruction primaire, mais cette mesure avait aussi ses inconvénients. La loi de 1906, en voulant résoudre définitivement cette question, porta qu'il y aurait un cours inférieur d'école primaire d'une durée de quatre ans et obligatoire, et un autre, un cours supérieur d'école primaire non obligatoire, d'une durée de 2 à 3 ans, dans le but cependant de faire de ce dernier une espèce d'école primaire supérieure, comme il y en a en France et en Belgique, avec un caractère plutôt professionnel. Par arrêté en date du 11 novembre 1906, N° 2465, on fixa ceux des progymnases qui seraient à l'avenir des cours supérieurs. Il y en avait 101; tous les autres restaient progymnases.

Pendant l'année scolaire 1908-1909 il y a eu en Bulgarie 154 cours supérieurs d'écoles primaires.

Le nombre des instituteurs dans les cours supérieurs d'écoles primaires s'est élevé à 241, dont 211 instituteurs et 30 institutrices.

Le nombre des élèves dans les cours supérieurs d'écoles primaires s'est élevé pour l'année scolaire 1908-1909 à 5387, dont 4663 garçons et 724 filles (1).

*
* *

(1) Il n'y a pas de données sur 36 cours supérieurs d'écoles primaires.

D. ECOLES PRIMAIRES PRIVEES.

Différence entre les écoles publiques et les écoles privées. — Dans les pays avancés, les écoles privées ne se distinguent pas sensiblement des écoles publiques; la langue employée, les programmes et l'organisation sont les mêmes que dans les écoles de l'État. En Bulgarie, les écoles privées sont ouvertes par diverses communautés religieuses ou diverses nationalités et ont un caractère rigoureusement religieux ou nationaliste. Dans ces écoles on se sert de la langue turque, israélite, grecque, arménienne, française ou allemande, selon que l'établissement est ouvert ou entretenu par les turcs, les israélites, les grecs, les arméniens ou par une congrégation quelconque; les programmes et les plans d'études sont imposés par des associations de l'étranger, ou copiés sur les programmes bulgares, mais arrangés, abrégés, modifiés au point de devenir méconnaissables. L'organisation de ces établissements est celle que le comité scolaire veut bien leur donner et quelquefois elle ne leur en donne aucune. Les écoles privées se soucient peu de la législation scolaire existant dans le pays, des améliorations qui se font chaque jour; elles sont ce qu'elles étaient il y a 30 ans, et ce qu'elles resteront probablement toujours. Voici quelques données sur l'état de ces école; elles sont puisées dans les rapports des inspecteurs départementaux.

Les écoles turques. — Les écoles turques sont les plus arriérées. Les locaux scolaires sont incommodes, les chambres petites, étroites et sombres; les fenêtres sont petites, enfumées et dans certains endroits le papier ou la toile remplace les vitres, absolument comme au moyen-âge. Tous les enfants sont pêle-mêle admis à l'école, même ceux âgés de 4 à 5 ans. En classe les élèves s'assoient par terre, les jambes croisées, à la turque.

Dans les écoles turques les instituteurs n'ont aucune notion des nouvelles méthodes; plusieurs d'entre eux ne savent ni lire, ni écrire; ce sont des *hodjas* (1) qui récitent le Coran. Le traitement des maîtres dans ces écoles est misérable; dans plusieurs localités il est payé en argent et en nature (du blé). Ce que l'on enseigne dans ces écoles, il n'y a que les maîtres qui le sachent; ce que doit durer l'année scolaire, c'est encore le

(1) Les *hodjas* sont les prêtres turcs.

maître qui le décide. L'enseignement ne dure souvent que depuis la Saint-Démètre (1) jusqu'à la Saint-Georges (2), soit six mois. Dans de pareilles conditions il ne peut être question de succès.

Les écoles tartares. — Les écoles tartares ne sont pas plus florissantes; tout ce qui précède peut parfaitement s'appliquer à elles aussi.

Les écoles israélites et arméniennes. — D'après l'avis des inspecteurs scolaires départementaux, les écoles israélites et arméniennes sont bien organisées : elles ont des locaux confortables, un personnel enseignant bien et régulièrement payé; aussi est-ce là qu'on obtient le plus de succès. Cependant les programmes sont surchargés : ainsi les enfants des deux premières divisions (I et II) travaillent 5, 6 et même 7 heures par jour.

Les écoles grecques. — Les données sur les écoles grecques font défaut; apparemment ces écoles sont organisées sur le modèle de celles qui existent en Grèce.

Autres écoles privées. — Dans les grands centres, on trouve aussi des écoles françaises

(1) Le 26 octobre (v. s.)
(2) Le 23 avril (v. s.)

Uue des Ecoles primaires de Roustchouk.

ou allemandes, ouvertes par des congréganistes ou des maîtres venus de l'étranger.

Dispositions de loi relatives aux écoles privées. — Voici les dispositions que le législateur de 1909 a cru devoir prendre pour améliorer l'état des écoles privées :

ART. 255. Aucune école privée ne peut être ouverte sans l'autorisation préalable du Ministère.

ART. 357. Toute école privée refusant de se soumettre à la surveillance de l'Etat, sera fermée.

ART. 358. L'éducation et l'instruction dans les écoles privées doivent être données conformément aux exigences pédagogiques, et ne rien contenir de contraire aux bonnes mœurs, à la vérité positive et aux lois établies dans le pays.

ART. 360. L'enseignement dans les écoles privées est donné en bulgare ou dans une autre langue. Mais la langue bulgare, l'histoire et la géographie de la Bulgarie sont obligatoires pour les enfants des sujets bulgares qui fréquentent ces écoles.

ART. 361. Quiconque veut ouvrir ou diriger une école privée, ou y professer, est tenu de présenter à l'inspecteur scolaire départemental son acte de naissance, les certificats des études qu'il a faites et les pièces relatives aux professions qu'il a exercées. S'il est sujet étranger, il doit présenter encore un certificat émanant des autorités scolaires de son pays, attestant qu'il n'a pas subi de révocation en qualité de professeur. L'inspecteur scolaire départemental envoie tous ces documents au Ministère de l'Instruction publique qui accorde ou refuse au candidat l'autorisation de professer.

Art. 362. Les élèves ayant terminé les études d'une école privée peuvent jouir des droits accordés aux élèves des écoles publiques, s'ils subissent dans ces dernières écoles l'examen nécessaire. Seules les écoles privées suivant le programme appliqué dans les écoles publiques, et où tout l'enseignement est donné en bulgare, peuvent obtenir l'autorisation du Ministère de l'Instruction publique d'examiner les élèves à l'école même, en présence d'un délégué nommé par le Ministère. Cette autorisation peut être accordée: *a)* lorsque l'école comprend un cours d'études complet d'école primaire ou d'école secondaire; *b)* lorsque les programmes et les règlements concernant les écoles publiques y sont rigoureusement appliqués; *c*) lorsque l'enseignement y a été donné par des instituteurs autorisés par le Ministère de l'Instruction publique.

Art. 363. Chaque école privée doit être pourvue du mobilier scolaire et du matériel d'enseignement nécessaires.

Art. 364. Tous les livres et manuels de classe employés dans les écoles privées doivent être soumis à l'approbation du Ministère de l'Instruction publique.

Art. 366. Les écoles privées peuvent recevoir des subsides de la commune, du département ou de l'État.

Art. 367. Les membres du corps enseignant des écoles privées n'ont pas droit à une pension de l'État, et, en général, ils ne peuvent pas jouir des droits prévus pour le personnel enseignant des écoles publiques.

Art. 368. Toute école musulmane doit avoir un comité scolaire composé de trois membres, qui sont responsables devant les autorités pour la mise en exécution de la loi; les membres sont élus par les musulmans sujets bulgares (1).

Art. 369. La surveillance de l'instruction

(1) Cet article s'applique également aux écoles israélites et arméniennes.

religieuse dans les écoles musulmanes est confiée au moufti [1] du département, celle des écoles israélites au Grand-Rabbin de Bulgarie.

Art. 370. Les membres du personnel enseignant des écoles privées pour sujets bulgares doivent répondre aux conditions suivantes : *a*) être sujets bulgares, *b*) être âgés de 17 ans révolus, *c*) être d'une moralité irréprochable et sans défauts corporels, *d*) posséder au moins les connaissances qui donnent le droit d'enseigner.

Art. 371. Si les revenus des biens de la communauté religieuse ne sont pas suffisants pour l'entretien d'une école musulmane, israélite ou arménienne, le surplus sera réparti entre les fidèles de la commune où se trouve l'école.

Art. 372. L'inexécution des prescriptions de la présente loi entraîne pour les personnes qui ont reçu l'autorisation d'ouvrir des écoles privées et pour les professeurs y enseignant les peines suivantes : *a*) rappel, *b*) remontrance, publiée au Journal Officiel, *c*) retrait du droit d'envoyer un délégué aux examens annuels,

(1) Le moufti est le président du tribunal religieux turc.

si les programmes et les règlements de cette école sont identiques à ceux des écoles publiques, *d*) fermeture de l'école.

Art. 373. Toutes ces peines sont infligées par le Ministère de l'Instruction Publique par arrêt motivé.

Peu de données sur les écoles privées. — Il n'est pas possible de donner des renseignements précis sur les écoles appartenant aux diverses communautés religieuses. Tous les inspecteurs scolaires départementaux sont unanimes à déclarer qu'ils ne sont pas à même d'obtenir les données nécessaires, malgré la demande fréquente qu'ils en ont faite; ils n'ont pas les moyens de les contrôler, et les mots « pas de données » reviennent souvent dans leurs rapports. Aussi les données statistiques fournies ici sont-elles insuffisantes ; elles sont telles qu'elles figurent dans les rapports des inspecteurs.

Les écoles turques sont au nombre de 1090, fréquentées par 31095 garçons et 27064 filles. Le corps enseignant forme un contingent de 1131 personnes, dont 1076 hommes et 34 femmes. Les écoles tartares sont au nombre de 45 fréquentées par 1221 garçons et 1010 filles.

Immédiatement après viennent les écoles

israélites au nombre de 19, fréquentées par 2044 garcons et 1508 filles; les instituteurs sont au nombre de 66 et les institutrices au nombre de 40.

Il n'y a en Bulgarie que deux écoles roumaines, fréquentées par 187 garçons et 192 filles.

II. L'Enseignement Moyen.

DIVISION. — En Bulgarie, l'enseignement moyen comporte quatre sortes d'établissements : A) les progymnases, correspondant aux écoles moyennes de Belgique; B) les gymnases, correspondant à nos athénées ou collèges; C) les écoles normales ou pédagogiques; D) les écoles d'enseignement moyen spécial.

A. LES PROGYMNASES.

Ce qu'on entend par progymnases. — On désigne sous le nom de *progymnase*, ou *école à classes*, les établissements d'instruction qui sont la continuation des écoles primaires, sans toutefois donner un enseignement secondaire complet. Ils n'ont que trois classes.

Les premiers progymnases. — Les progymnases ont rendu de grands services dans le passé : sous la domination ottomane ils ont servi de foyer pour entretenir l'esprit cultural et national. On place leur création aux environs de 1850. Des jeunes gens bulgares, ayant reçu leur instruction en Russie, trouvèrent à leur retour dans leur pays un terrain favorable à la fondation de ces écoles : à cette époque les écoles mutuelles étaient devenues fort nombreuses, beaucoup de jeunes gens possédaient une instruction primaire ; l'enseignement grec, si en faveur auparavant, commençait à être délaissé. NAYDEN GUÉROFF ouvrit en 1850 à Philippopoli une école à deux classes.

Anciennes dénominations. — Les progymnases portaient les dénominations suivantes : *grande* (école), *plus grande*, *supérieure*, *haute*, *gymnase*, *principale*, *progymnase* et *école à classes*.

Les classes portaient le nom de *bancs*, *rangs* et *classes*. Les dénominations de *banc supérieur*, *rang supérieur* étaient données là où les élèves qui étudiaient « les sciences plus élevées » restaient dans la même chambre que les enfants recevant l'instruction primaire. Beaucoup de classes élémentaires d'école pri-

Le progymnase de Radomir (petite ville de 2000 habitants).

maire portaient quelques-unes de ces dénominations.

Programme d'études. — Chacune de ces écoles avait son programme d'études dans les proportions et avec les matières que son directeur trouvait bon de lui donner. Mais ce qui est général dans tous les programmes, c'est la large part faite à l'enseignement des langues: bulgare, vieux bulgare, grec, latin, turc, français, allemand, russe, etc. Tous ces programmes se distinguent également par la place accordée à certaines matières qui ne sont pas à la portée des enfants. Dans la I[e] classe on enseignait la rhétorique, dans la IIe le pédagogie, dans la IIIe la dogmatique, dans la IVe la théologie. Des cours d'université à des enfants de 10 à 15 ans!

Méthode. — La méthode consistait dans la plupart des écoles « d'ici jusque là »; un grand nombre de matières, faute de livres, étaient enseignées sur des notes.

Les professeurs de ces écoles enseignaient des matières aussi différentes que possible: c'étaient des encyclopédistes. Le même professeur donnait les mathématiques, l'économie politique, la physique, la géographie, l'histoire religieuse, l'arithmétique, l'histoire naturelle, l'histoire générale, le catéchisme et le bulgare. Un autre enseignait l'algèbre, le français, la géométrie, le bulgare, la physique, l'allemand, la logique, la rhétorique, etc.

Entretien. — Beaucoup de progymnases étaient entretenus par des bienfaiteurs et des donateurs qui accordaient des secours réguliers ou provisoires; les églises allouaient une grande partie de leurs revenus à ces écoles. Dans plusieurs villes et villages on avait recours à d'autres moyens pour créer des ressources pour l'école: on envoyait des personnes quêter de ville en ville; ailleurs on ouvrait des souscriptions à l'occasion d'une fête, d'un mariage, etc.

Fondation de progymnases. — Des progymnases ayant deux classes ont été fondés pour la première fois à Philippopoli (1850), Tirnovo (1853), St.-Zagora, (1855), Gabrovo (1857), Samakoff (1858).

Des progymnases à trois classes ont été fondés d'abord à Philippopoli et Choumla (1851), Tirnovo (1854), Yambol et Plevna (1858), au village de Megliche (1859), à Gabrovo (1862), et à Bazardjik (1865).

Des progymnases ayant quatre classes ont

été ouverts successivement à Philippopoli(1852), Tirnovo (1855), Choumla, (1856), Gabrovo (1865), Roustchouck (1867), Plevna, Varna et Yambol (1868), Slivno et Bourgas (1870).

Des progymnases ayant cinq classes furent créés à Choumla en 1860, à Roustchouk en 1868, à St-Zagora en 1871, à Gabrovo, à Philippopoli et à Slivno en 1871, à Sistovo en 1873, à Tirnovo en 1874.

Quant aux progymnases ayant six classes on les vit ouvrir pour la première fois à St.-Zagora (1869), à Philippopoli (1872) et à Gabrovo (1873).

Réorganisation. — Après la délivrance de la Bulgarie, les progymnases étaient organisés d'après l'*Instruction sur la direction des établissements d'instruction d'Etat dans la Principauté de Bulgarie*, en date de 1881.

La loi de 1891 leur donna la même organisation que les classes correspondantes du gymnase. La loi de 1906 les divisa en deux catégories : progymnases et cours supérieurs d'école primaire, et celle de 1908 voulut leur donner, sous le nom « d'écoles primaires supérieures », une autre organisation et un autre but, un but professionnel et général, de sorte que ces écoles restaient sans relations avec les gymnases. La même loi permettait aux communes d'ouvrir des progymnases, parallèlement aux classes correspondantes du gymnase, ce qui était presque impossible vu les besoins de toutes sortes auxquels les communes doivent faire face.

La loi de 1909 sépara du gymnase le cours inférieur, qui devint progymnase.

Le progymnase et l'école primaire. — « La nécessité d'une instruction plus étendue », dit le Ministre de l'Instruction publique, M. N. MOUCHANOFF (1) » est à mes yeux une mesure générale et impérieuse pour toutes les classes de notre société, comme étant celle d'un développement social rationnel. C'est pourquoi je propose de faire du progymnase la continuation de l'école primaire et en même temps la base des études du gymnase.

« Accessible aux masses, le progymnase reçoit ainsi une importance culturale considérable, comme étant l'école qui prépare la jeunesse pour entrer dans la vie avec les connaissances que peuvent lui donner les éléments de la science et avec ce bagage de savoir qui lui facilitera dans la pratique

(1) Exposé des motifs de la loi de 1909.

la profession à laquelle elle se consacrera.

« Le progymnase, au point de vue de son organisation et de son entretien, se sépare du gymnase et se rapproche davantage de l'école primaire. Il devient ainsi plus accessible pour la grande masse. Mais cette séparation aura l'importance nécessaire pour exercer une infuence sur le choix à faire par les élèves avant d'entrer au gymnase.

« Ainsi que cela se présente à la fin d'études de toute école, ici encore il y a un moment social et psychologique très important. Ce moment, c'est celui où le jeune homme aura à choisir la voie à suivre. A la fin des études du progymnase cette question s'impose et fournit un moyen excellent pour juger de la capacité du jeune homme et des ressources de la famille ».

Etat actuel des progymnases. — Pendant l'année scolaire 1909-1910 il y avait 310 progymnases, dont 22 de filles et 50 de garçons. Les autres, et c'est donc la majeure partie, sont mixtes.

Coéducation. — La coéducation est chose commune en Bulgarie. Tandis que dans d'autres pays, comme en Belgique par exemple, il y a des écoles spéciales pour les deux sexes, même pour l'instruction primaire, en Bulgarie il n'est pas rare de voir des garçons et des jeunes filles âgés de 14 à 15 ans assis dans la même classe et recevant l'instruction ensemble, comme cela se présente dans les écoles à cinq classes de Tchirpan, Djoumaïa, Doupnitza, Panagurichte, etc. Non seulement la coéducation n'a pas donné jusqu'ici matière à des plaintes quelconques, mais elle a convaincu de ses bons effets même les plus exigeants: à un certain moment même il y avait un courant en faveur de l'adoption de ce système dans les gymnases; on faisait ressortir comme avantages principaux: l'adoucissement des mœurs, la retenue chez les élèves dans leur tuburlence, une certaine politesse et du respect. Avec le temps la coéducation ne choquera plus personne, comme elle ne choque déjà plus en voyant des professeurs relativement jeunes, mais mariés, instruisant dans les gymnases de filles des élèves âgées de 17 à 18 ans, ou des institutrices qui instruisent les grands garçons dans les progymnases mixtes.

Organisation actuelle. — L'organisation des progymnases est à tous les points de vue la même que pour les gymnases. Le personnel enseignant doit jusqu'à présent avoir les mêmes titres de capacité que ceux exigés du personnel des gymnases. Le traitement est aussi le même. Les programmes, les méthodes et tout le matériel didactique sont les mêmes que pour les gymnases Les élèves sont admis sur le mode établi pour les élèves du gymnase. La loi de 1909 porte que les élèves n'ont pas à payer de taxe et qu'ils ont à passer un examen à la fin des études du progymnase.

B. LES GYMNASES.

L'Enseignement secondaire au début du XIXe siècle. — Au début du XIXe siècle il n'y avait point d'écoles secondaires en Bulgarie; les jeunes gens bulgares qui aspiraient à une instruction plus élevée étaient obligés de faire leurs études dans les écoles secondaires et supérieures grecques, à Athènes, à Constantinople et ailleurs. Vers 1830, les établissements d'enseignement secondaire russes commencèrent à être fréquentés par les Bulgares, dont le nombre alla en augmentant tous les ans, grâce aux secours pécuniers accordés par le gouvernement russe, par diverses sociétés et par des particuliers.

Premiers Etablissements secondaires. — C'est VASSIL EVSTATIEFF APRILOFF, riche négociant de Gabrovo qui conçut la noble idée de doter sa ville natale du premier établissement d'enseignement secondaire ouvert dans le pays. Au début, l'école de Gabrovo ne comptait que deux classes seulement; en 1865, elle en avait quatre, six en 1871, et enfin en 1870—1875 elle atteignit son développement complet et devint ce qu'elle est aujourd'hui; un gymnase complet comptant sept classes.

Avant la délivrance de la Bulgarie, il n'y avait d'autres écoles secondaires dans le pays qu'à Philippopoli (cette école comptait six classes), à Tirnovo (Séminaire) et à Sistovo (l'école de commerce qui n'a duré que quelques mois).

Après la Délivrance. — Après la guerre turco-russe (1877-1878), les soins de tous les ministres de l'Instruction publique furent consacrés principalement à organiser l'instruction primaire, laissant les quelques établissements d'enseignement secondaires, existant alors, sous le régime d'une législation rudimentaire, les *Dispositions provisoires.*

Sept ans après la délivrance de la Bul-

Le Gymnase de Garçons de Roustchouk.

garie, c'est-à-dire après la réunion de la Bulgarie du Nord et de la Bulgarie du Sud, il n'y avait dans le pays que trois gymnases d'Etat, à Sofia, à Philippopoli et à Gabrovo, et deux gymnases communaux, à Tirnovo et à Roustchouk, comptant en tout 123 professeurs et 2288 élèves.

Législation de 1891. — L'acte législatif qui a placé l'enseignement secondaire sur des bases solides est la *Loi sur l'Instruction Publique* du 14 décembre 1891, votée par la VIe Assemblée Nationale Ordinaire, sur la proposition du Ministre de l'Instruction publique de cette époque, feu M. G. Givkoff.

Conformément à cette loi, les gymnases comprennent sept classes ; dans la première classe sont admis les enfants qui ont achevé les études des écoles primaires; à la fin des études du gymnase les élèves subissent un examen de maturité (baccalauréat). Le cours des études du gymnase comprend le *cours inférieur* (I^e^, IIe et IIIe) et le cours *supérieur* (IVe, V^e^, VIe et VIIe classes). Le programme des études comprend, à partir de la IVe classe, la section classique (avec le latin et le grec) et la section réale ou scientifique (sans ces deux langues).

D'après la même loi, le corps enseignant comprend des titulaires (trois classes) et des stagiaires. Les professeurs des gymnases doivent être munis d'une instruction supérieure et avoir subi l'examen d'Etat. Les professeurs provisoires en fonctions lors de la promulgation de la loi, s'ils avaient cinq années de service, devenaient titulaires, quelle que fût leur instruction professionnelle.

Les Gymnases de filles. — En 1897, le Ministre de l'Instruction publique, feu M. K. VELITCHKOFF, apporta quelques modifications à l'organisation des gymnases de filles qui avaient été négligés jusque là. Depuis 1897, tous les partis qui se sont succédé au pouvoir ont élaboré des projets de lois sur l'Instruction publique : il y avait le projet de loi de M. VATCHEFF, celui de M. TH. IVANTCHOFF, celui de KANTCHEFF etc., mais pas un seul n'a pu être discuté ni voté par la Chambre, et la loi de 1891 resta toujours en vigueur.

Modifications de 1906. — En 1906, sur la proposition du Ministre de l'Instruction publique, M. le Dr. SCHICHMANOFF, la Chambre vota des modifications à la loi de 1891 ; ces modifications concernaient surtout la situation du corps enseignant des gymnases. Tous les stagiaires qui avaient une instruction secondaire ou supérieure étaient admis à passer l'examen d'Etat, qui consistait en une épreuve écrite (une composition en bulgare) et une leçon faite en classe; c'était simplement leur donner le titulariat. Ceux qui ne voulaient pas se présenter à l'examen d'Etat recevaient les appointements d'un titulaire de 3e classe, mais n'avançaient plus. La même loi introduisit une réforme dans les études du gymnase : à côté des sections classique et réale, fut créée la section commerciale, mais cette réforme ne donna pas les résultats attendus et elle échoua.

Législation de 1909. — Enfin, la XIVe Assemblée Nationale Ordinaire, sur la proposition du Ministre de l'Instruction publique, M. N. MOUCHANOFF, a voté la Loi organique sur l'Instruction publique de 1909 qui embrasse toutes les branches de l'œuvre scolaire en Bulgarie. Cette loi porte des réformes radicales dans toutes les écoles et à tous les degrés; elle régularise aussi la situation du corps enseignant.

Organisation actuelle. — Les gymnases de garçons et les gymnases de filles comprennent cinq classes, chacune d'une durée d'un an. La première classe est la classe initiale, la cinquième la dernière. Dans la première classe du gymnase sont admis les jeunes gens, qui ont terminé les trois classes du progymnase et qui ont subi avec succès l'examen de fin d'études du progymnase. Ils ne peuvent pas être âgés de plus de 17 ans.

Dans chaque division parallèle d'une classe il ne peut pas y avoir plus de 40 élèves.

Il est élaboré trois types de programmes d'études: avec le latin et le grec, avec le latin seulement, et sans ces langues.

Matières d'Etudes. — Les matières qu'on enseigne au gymnase sont: la religion, le bulgare, l'ancien bulgare et la littérature, la philosophie élémentaire, le russe, le francais ou l'allemand, le latin, le grec, les mathématiques et la géométrie descriptive, la géographie, l'histoire générale et l'histoire de la Bulgarie, l'instruction civique, l'économie politique, la physique, la chimie, l'histoire naturelle, l'hygiène, le dessin et le dessin géométrique, la calligraphie, le chant et la gymnastique.

Direction des Gymnases. — La direction du gymnase est confiée au directeur et au conseil des professeurs.

Le Gymnase de Jeunes Filles de Varna.

Le directeur représente l'institution auprès des autorités et du public, convoque les professeurs en assemblée et dirige les séances, correspond avec le Ministère et toutes les autorités, admet les élèves au début de l'année, répartit les matières d'enseignement entre les professeurs, fixe ceux qui seront les chefs de classe, met au courant de ses fonctions le nouveau professeur, l'aide de ses conseils, visite les classes pendant les leçons et communique ses observations au professeur à la leçon duquel il a assisté; il peut accorder dix jours de congé aux professeurs; il nomme et révoque les commis et gens de service, exerce la surveillance suprême sur les biens de l'établissement, peut accorder trois jours fériés pendant l'année, a le droit de suspendre toutes les décisions du conseil des professeurs avec lesquelles il n'est pas d'accord, mais dans ce cas il doit soumettre le cas au Ministère, etc.

Rapports. — Le directeur envoie au Ministère deux rapports: 1) au commencement de l'année scolaire (au plus tard à la fin d'octobre) sur l'admission et le nombre des élèves, sur la répartition des matières d'enseignement, des renseignements sur l'établissement, sur l'état hygiénique, sur la taxe perçue, sur les manuels, etc.; 2) à la fin de l'année scolaire sur l'activité des professeurs, sur leur enseignement, et donnant des détails sur le temps et les matières sur lesquelles il a fait ses inspections.

Conseil des Professeurs. — Le conseil des professeurs est formé de tout le corps enseignant attaché à l'établissement. Il se réunit en séance ordinaire à l'heure fixée par le directeur. Les absences sont considérées comme absences de la classe et elles sont justifées d'après le même mode.

Le conseil des professeurs choisit les manuels et livres d'enseignement sur la liste des ouvrages approuvés par le Ministère, permet l'admission des élèves dans le courant de l'année, se prononce sur les punitions à infliger aux élèves, s'occupe des questions d'instruction et d'enseignement ayant un caractère général, élabore le rapport général annuel à envoyer au Ministère et dans lequel il formule ses vœux, etc.. Toutes les séances du conseil des professeurs sont tenues en dehors du temps des leçons.

Nomination des Professeurs. — Quiconque veut être nommé professeur titulaire dans une école secondaire doit répondre aux conditions que la loi sur les fonctionnaires de l'état civil exige pour occuper un poste d'État, ainsi qu'aux conditions suivantes:

a) avoir terminé les études du gymnase et passé l'examen de maturité et les études de la faculté physico-mathématique ou historico-philologique de l'Université de Sofia ou d'une université à l'étranger, ou bien d'un autre établissement d'instruction supérieure où sont enseignées les diverses disciplines ès-sciences et ès-arts prévues dans les programmes des écoles secondaires;

b) avoir fait un stage comme candidat dans un gymnase au moins pendant une année scolaire;

c) avoir subi l'examen d'Etat sur sa spécialité.

Professeurs des matières techniques. — Peuvent également être nommées professeurs des matières techniques (chant, dessin, travaux à l'aiguille, gymnastique et sténographie), les personnes qui, munies d'une instruction secondaire, ont prouvé par un examen spécial qu'elles sont aptes à enseigner l'une de ces branches.

Professeurs de langues. — De même pour les langues vivantes, lorsqu'il n'y a pas de candidats munis d'une instruction philologique supérieure spéciale, peuvent être nommées des personnes qui, pourvues d'une instruction secondaire, ont prouvé par un examen spécial qu'elles sont aptes à enseigner ces langues.

Les professeurs sont tenus d'enseigner de 16 à 24 heures par semaine, et les directeurs de 4 à 8 heures.

Missions. — Pour permettre aux professeurs d'étudier l'organisation et le fonctionnement des divers établissements d'enseignement et institutions de l'étranger, ou d'étudier de plus près les nouveaux progrès faits dans le domaine de la matière qu'ils enseignent et des méthodes qui s'y rapportent, le Ministère, sur la recommandation des conseils des professeurs, peut envoyer en mission à l'étranger pendant un ou deux ans avec le traitement qu'ils touchent, les professeurs qui se sont distingués par leur ardeur au travail et leurs aptitudes.

Les professeurs envoyés en mission à l'étranger gardent leur place et leur droit d'ancienneté, tandis que ceux nommés à leur place sont considérés comme provisoires tant que dure la mission des professeurs envoyés à l'étranger.

Une Leçon de Physique au 1[r] Gymnase de Garçons de Sofia.

Admission des Elèves. — Les élèves sont admis à l'école par le directeur à partir du 25 jusqu'au 31 août. Seulement pour des motifs extrêmement graves, le directeur, avec le consentement du conseil des professeurs, peut admettre des élèves jusqu'au premier octobre.

Les élèves, dont les parents n'habitent pas la ville où se trouve l'école, sont tenus d'avoir un tuteur ; ceux qui n'en ont pas sont exclus de l'école.

Dans la première classe du progymnase sont admis les enfants âgés de dix ans au moins et de treize au plus, après avoir terminé les études de l'école primaire. Dans la IIe classe sont admis les élèves qui ne sont pas âgés de plus de quatorze ans et dans la IIIe de quinze ans.

Un élève ne peut passer d'un gymnase ou progymnase dans un autre que pour des motifs graves.

Devoirs des élèves. — Le règlement énumère les devoirs que les élèves ont à remplir et que l'on peut classer dans les catégories suivantes :

1) Devoirs de politesse et de respect : res-

pecter tous les maîtres, les attendre tranquillement, se lever quand ils entrent en classe ou quand ils en sortent, ne pas sortir de la classe pendant la leçon, etc..

2) Devoirs touchant les leçons: ne pas perdre les leçons, rester tranquille pendant la leçon, y faire attention, remplir consciencieusement ses devoirs, bien préparer ses devoirs et ses leçons, etc.;

3) Devoirs envers les camarades: être poli envers ses camarades, éviter les querelles avec n'importe qui, etc.;

4) Devoirs touchant le matériel de l'école: ne pas salir les salles de classe ni les corridors, ne pas cracher par terre, ne pas écrire sur les murs, ne pas faire d'entailles sur les bancs, sur le tableau noir, etc.

Défenses. — Le règlement défend entre autres aux élèves:

1) de fumer, de prendre des liqueurs alcooliques;

2) de jouer aux cartes, aux autres jeux de hasard;

3) de fréquenter les cafés et autres établissements de ce genre;

4) d'aller aux bals, concerts et soirées sans autorisation et sans être accompagnés de leurs

parents, ainsi qu'aux audiences des tribunaux, aux réunions politiques, meetings, élections, processions, etc.;

5) d'écrire dans les journaux;

6) de faire des démarches collectives contre l'ordre de l'école ou contre n'importe quelle mesure prise par les professeurs;

7) De maltraiter les animaux, de porter atteinte aux biens publics ou privés, de détruire les végétaux, les nids des oiseaux et les retraites des animaux utiles.

Mesures complémentaires. — L'élève qui s'absente trente heures pendant l'année pour le progymnase, dix heures pour le gymnase, est exclu de l'école.

La promotion d'une classe dans une autre a lieu en vertu d'un examen annuel.

L'élève qui, ayant doublé la classe, ne peut ensuite passer dans la classe suivante, est exclu de tous les gymnases.

Le succès est basé d'après les notes suivantes: parfait (6), très bien (5), bien (4), passable (3), médiocre (2), mal (1),

L'élève qui reçoit comme succès au moins la note « passable » sur toutes les matières d'enseignement passe, dans la classe suivante.

L'élève qui reçoit la note « médiocre » ou

« mal » sur deux matières, peut subir un examen sur ces deux matières à la rentrée. Cet examen se fait devant une commission de trois membres.

L'élève qui reçoit la note « médiocre » sur trois matières au moins, double la classe.

Nombre de Gymnases. — Pendant l'année scolaire 1908-1909 il y avait en Bulgarie 24 gymnases, soit 15 gymnases de garçons et 9 de filles. Dans ce nombre sont compris 3 gymnases de garçons et 2 gymnases de filles à Sofia. Le plus important est celui de Philippopoli qui ne compte pas moins de 51 professeurs (1).

Professeurs de Gymnases. — En la même année scolaire, il y avait un total de 727 professeurs dans les gymnases de garçons. Dans les gymnases de filles le nombre des professeurs s'est élevé à 131 hommes et 123 femmes. La profession de professeur étant on ne peut plus compatible avec la nature des femmes, celles-ci, qui reçoivent le même traitement que les hommes et jouissent de

(1) Pendant l'année scolaire 1909-1910 il y eut en Bulgarie trente gymnases, dont dix-neuf de garçons et onze de filles. Il y a, en outre, quatre écoles à six classes mixtes, ainsi que douze écoles à six classes, dont six de garçons et six de filles.

tous les droits accordés à ces derniers, y compris celui du droit à la retraite, tendent de plus en plus à occuper les postes de professeurs dans les gymnases de filles, et cela non seulement pour les langues vivantes, le chant et les travaux manuels, mais aussi pour toutes les matières d'enseignement.

Age des professeurs. — Il est intéressant de noter que les professeurs et les femmes professeurs dans les gymnases bulgares sont en général assez jeunes. Dans les premières années après la délivrance de la Bulgarie, les postes lucratifs ne manquaient pas; on quittait facilement la carrière pour une place plus importante. C'est ce qui fait que sur un effectif de 727 professeurs, 36 seulement sont âgés au-dessus de 50 ans; un seul est à l'âge de 62 ans (un professeur de latin au IIe gymnase de filles de Sofia). Remarquons encore que les professeurs âgés de moins de 25 ans sont au nombre de 63, dont la majorité se compose de femmes (34 femmes, 29 hommes).

Les contingents fournis par les autres catégories sont: de 25 à 30 ans: 138 (dont 49 femmes); de 30 à 35 ans: 186 (dont 55 femmes); de 35 à 40 ans: 123 (dont 38 femmes); de 40 à 45 ans: 122 (dont 43 femmes); de 45 à 50 ans: 36 (dont 15 femmes). Il appert de ces chiffres que le nombre de femmes diminue au fur et à mesure qu'elles avancent en âge, soit qu'elles trouvent à se marier, soit qu'elles se retirent auprès de leur famille.

Instruction professionnelle. — Les dispositions de loi sur l'Instruction publique ont toujours été formelles au sujet des titres de capacité que les professeurs des gymnases doivent posséder: instruction secondaire complète; instruction supérieure spéciale, également complète; mais il faut reconnaître que jamais disposition législative n'a été plus enfreinte que celle-là. En l'absence de candidats répondant aux exigences de la loi, le Ministère se vit dans l'obligation de pourvoir aux postes vacants en nommant des professeurs qui pouvaient occuper plus ou moins les postes qui leur étaient confiés; c'est ainsi que, sur le personnel muni de l'instruction professionnelle nécessaire, vint se greffer un autre, possédant une instruction fort variée. Avec le temps le Ministère se trouva en face d'une masse considérable de professeurs, dont plusieurs forts capables, en vérité, mais non munis de l'instruction professionnelle nécessaire. Entreprendre une réforme radicale, aurait été inhumain, puisqu'il fallait jeter sur le pavé plus de la moitié du corps enseignant des écoles secondaires; on préféra s'en remettre à l'œuvre du temps, mais en étant beaucoup plus exigeant dans la nomination des nouveaux professeurs. Grâce à cette mesure lente, mais sage et juste, aujourd'hui, sans trop de secousses, les gymnases comptent sur un contingent de 727 professeurs, 458, soit 63 % munis d'une instruction secondaire et d'une instruction supérieure.

Classement des Professeurs. — *a*) Loi de 1891. — Conformément à la loi de 1891, il ne devrait y avoir dans les gymnases que trois classes pour les titulaires et une classe unique pour les stagiaires, et cependant il y a aujourd'hui une vingtaine de catégories avec un traitement allant depuis 600 francs jusqu'à 5100 francs par an.

b) Loi de 1909. — Parmi les directeurs, il n'y a pas un seul qui appartienne à la première classe; c'est que l'article 183, littera *a*, de la loi de 1909 établit que les droits à l'ancienneté ne comptent pour les directeurs et les professeurs des gymnases que depuis 1883 seulement. Les directeurs touchent le traitement qui leur revient comme professeurs, cumulé d'un supplément de 75 fr. par mois, soit pour les directeurs de IIe classe 5340 francs par an, et pour ceux de la IIIe classe 4860 francs par an.

Les professeurs titulaires se répartissent en cinq classes; ceux de la Ve classe reçoivent 3000 fr. par an, ceux de la IVe classe 3480 fr., ceux de la IIIe classe 3960 fr., ceux de la IIe classe 4440 fr., par an; enfin, ceux de la Ire classe 4920 fr. par an.

La catégorie des titulaires pour les langues vivantes, qui n'ont pas fait des études universitaires, et pour les matières techniques est fort restreinte, vingt-neuf en tout, et il est peu à croire qu'elle augmente sensiblement, car après avoir fait des études spéciales et subi un examen assez sérieux, ces professeurs ne touchent que 1500, 1800, 2100 frs. (pour les langues vivantes) par an.

Mais de toutes les catégories, celle des professeurs provisoires est la plus curieuse: d'aucuns sont payés 100 ou 80 francs pour chaque heure de classe hebdomadaire par an; d'autres touchent des appointements forts variés: 600, 1200, 1640, 2000, 2100 frs. mais il y en a qui touchent 2600, 2640,

Une Leçon de Mathématiques au 1r Gymnase de Garçons de Sofia.

2880, 3220, 3348 frs. etc., c'est-à-dire plus que le traitement d'un titulaire de Vᵉ classe.

Révocation. — Les instituteurs, les institutrices, ainsi que les professeurs titulaires de progymnase et de gymnase, ne peuvent être révoqués que sur une décision de la commission de discipline. Il y en a une dans chaque département, composée du président du tribunal de première instance pour président, du président du comité scolaire dans le chef-lieu du département et d'un instituteur (ou professeur de progymnase ou gymnase) élu par tous les membres de la corporation respective dans le département. Les décisions de cette commission peuvent être appelées devant la haute commission de discipline, siégeant auprès du Ministère, et composée de trois membres, dont l'un est nommé par le Ministre, parmi les membres du haut Comité scolaire; le deuxième est élu par tous les membres du comité scolaire et le troisième est un des membres de la cour d'appel de Sofia, élu par tous ses collègues. Dans les commissions départementales, l'accusation est soutenue par l'inspecteur départemental (ou par un des inspecteurs généraux, si l'accusé est un professeur de gymnase), et devant la haute commission de discipline, qui décide en dernière,in stance par un haut fonctionnaire du Ministère, désigné par le Ministère de l'Instruction publique.

Population scolaire. — En 1887, le nombre des garçons et des filles dans les gymnases s'élevait à 2880; pendant l'année scolaire 1908-1909, c'est-à-dire 22 années après, ce chiffre s'élève à 17600 (à la fin de l'année 1908). Ainsi dans une période de 22 ans, il faut noter une augmentation de 612 %.

Confession religieuse. — Il n'est pas sans intérêt de savoir jusqu'à quel point les enfants appartenant aux diverses confessions religieuses fréquentent les gymnases bulgares. La population scolaire des écoles secondaires bulgares est presque exclusivement orthodoxe. Immédiatement après viennent les Israélites au nombre de 608, dont 396 garçons et 212 jeunes filles, sur une population de 30.000 âmes environ.

La part la plus insignifiante revient aux musulmans : 5 élèves en tout, dont 4 dans la I[e] et un seul dans la IIIe ; aucune jeune fille musulmane ne fréquente les gymnases.

Succès annuel. — C'est un fait bien étonnant que sur 14792 élèves (sans ceux de la dernière classe) 7464 seulement, c'est-à-dire la moitié, passent sans encombre dans la classe qui suit, et que l'autre moitié ait eu à redoubler la classe, ou bien à faire un examen à la rentrée; dans quelques gymnases et surtout pour certaines classes, cela prend des proportions considérables et le nombre des élèves ayant monté régulièrement de classe atteint à peine le tiers (Philippopoli, Tirnovo, Slivno, Vidin etc.) On a beau répéter que les élèves ne travaillent pas assez; il faut chercher encore d'autres raisons, soit dans la sévérité du professeur bulgare, soit dans sa methode, soit dans les programmes, qui sont surchargés.

Examen de maturité (Baccalauréat). — Les élèves de la dernière classe de gymnase sont tenus de subir un examen de fin d'études du gymnase devant la commission des professeurs qui enseignent dans cette classe. Pendant l'année scolaire 1908-1909 1500 candidats se sont présentés à l'examen de maturité, soit 1099 garçons et 401 jeunes filles. Sur ce nombre 1096 candidats ont reçu le diplôme, soit 777 garçons et 319 jeunes filles. Seuls les jeunes gens et les jeunes filles munis du certificat de maturité sont censés posséder une instruction secondaire complète.

Fonds pour venir en aide aux élèves pauvres. — Dans chaque gymnase il y a un fonds pour venir en aide aux élèves pauvres. Les revenus proviennent d'un tiers de la taxe scolaire payée par les élèves (cette taxe est de 20 francs par an), de dons et secours volontaires, des sommes fournies par des conférences publiques, loteries, concerts et représentations théâtrales, des intérêts donnés par le fonds, etc..

Les 4/5 des revenus du fonds sont dépensés pour donner des secours aux élèves pauvres; ces secours sont accordés en espèces, livres, médicaments, vêtements, etc.

Pendant l'année 1908-1909 la somme totale des fonds de tous les gymnases s'est élevée à 310.170 fr.

Le fonds le plus élevé appartient au premier gymnase de garçons de Sofia.

Association des professeurs des écoles secondaires. — Au mois d'août 1902 se réunit à Sofia le congrès des professeurs des écoles secondaires complètes et incomplètes existant en Bulgarie. Le congrès fut ouvert par le Ministre de l'Instruction publique, M. Ch. Teodoroff, en présence de 49 délégués. C'est alors que furent jetées les bases de l'*Association des professeurs des écoles secondaires de Bulgarie.*

L'Association a pour but : *a*) de chercher à améliorer la situation de ses membres au point de vue de leurs fonctions, de leurs droits de citoyens et de l'état matériel, *b*) de travailler à développer l'œuvre scolaire progressivement et normalement, ainsi que de contribuer au développement cultural du pays.

L'association se compose de toutes les sociétés de professeurs des écoles secondaires qui sont d'accord sur le but qu'elle poursuit et s'efforcent de l'atteindre par des moyens qui ne contreviennent pas aux décisions des congrès.

Chaque société est dirigée d'après des statuts qui ne contreviennent en rien aux décisions de l'Association générale et après que ces statuts ont été approuvés par le Conseil d'Administration. Tout professeur d'école secondaire complète ou incomplète peut en être membre. Tout membre a droit à être défendu et assisté.

L'Association a un fonds « Assistance » pour venir en aide à ses membres au cas où ils auraient à souffrir pour l'accomplissement des décisions de l'Association, pour maladie ou pour révocation illégale; il a aussi pour but de venir en aide aux familles des professeurs décédés.

Association des sociétés de gymnastique « Younak » (1). — En 1892, sur l'initiative des professeurs des écoles secondaires et des progymnases, furent créées des sociétés de gymnastique pour développer les forces physiques et morales de ses membres.

En 1898, lorsqu'il y avait déjà un nombre suffisant de sociétés, et sur l'initiative de la *Première société de gymnastique bulgare Younak*, à Sofia, un congrès fut convoqué dans la capitale de la jeune Bulgarie, et l'on y jeta les assises de l'organisation des sociétés de gymnastique en une seule Association: *Association des sociétés bulgares de gymnastique Younak.*

Le but de l'Association est de réunir en une seule toutes les sociétés de gymnastique du Royaume, de se soutenir et de s'aider mutuellement, de mettre de l'uniformité dans leur activité, de répandre le goût de la gymnastique en Bulgarie.

Après l'organisation de l'Association on fonda dans presque toutes les villes de Bulgarie

(1) Héros, brave, cadet.

des sociétés de gymnastique, qui entrèrent comme membres dans l'Association. Tous les citoyens appartenant à toutes les classes de la population peuvent en être membres, de même que les cohortes de jeunes gens et d'adolescents. Ces sociétés sont dirigées par leurs comités et d'après leurs statuts. A la tête de chaque société est placé un comité de sept membres et une commission technique.

Actuellement l'Association bulgare de gymnastique compte 48 sociétés, 4200 hommes, 400 dames et jeunes filles et 6900 adolescents. L'association de gymnastique a son organe « *La santé et la force* ».

Caisse d'assurance mutuelle des professeurs. — Toujours sur l'initiative des professeurs des écoles secondaires il a été créé une Caisse d'Assurance mutuelle des professeurs.

La Société a été fondée par quelques professeurs de gymnase au mois d'août 1902, et elle a commencé à fonctionner au 1ᵉʳ mars 1903. Le but de la Caisse est d'assurer les familles des professeurs, et, avec les revenus provenant des capitaux, de construire une Maison d'invalides pour les professeurs atteints par la vieillesse et la maladie.

Tout professeur, soit en fonctions, soit à

la retraite, peut être membre de la Société; les familles et les enfants des professeurs peuvent en être également; les primes sont payées chaque mois, mais elles peuvent être retenues également sur le traitement.

Pendant la première année de son existence, la Société a pu faire contracter des assurances à 400 professeurs pour un capital de 1.200.000 frs. Les sommes réunies étaient de 60.000 fr. Aujourd'hui la Caisse compte 1215 assurances pour un capital de 3.737.500 fr. et un encaisse de 700.000 fr. placés en titres, immeubles et emprunts.

Le Ministère de l'Instruction publique nomme de droit un membre dans le Conseil d'administration.

Chaque année après l'arrêté du bilan, les bénéfices nets se répartissent en deux et sont ajoutés aux deux fonds de réserve.

Activité littéraire et pédagogique des professeurs. — Les professeurs des gymnases et des progymnases déploient une grande activité dans le domaine de la littérature et de la pédagogie, soit comme écrivains, soit en traduisant des ouvrages étrangers, ou bien en composant des manuels et livres de classe, ils écrivent dans presque toutes les revues

Une Leçon à l'École modèle.
(L'instituteur fait sa leçon en présence du directeur de l'école pédagogique, du professeur de pédagogie et des normaliens).

du pays. Voici les revues spécialement pédagogiques rédigées par des professeurs :

L'Instruction, revue mensuelle.
Revue Pédagogique.
Soins Maternels.
Hygiène Scolaire.
Journal des Professeurs.
L'Instituteur.
L'Instruction.
L'Histoire Naturelle.
L'Eveil Spirituel.
Bibliothèque Pédagogique.
La Pratique Scolaire.
L'Ecole Nouvelle.
La Force et la Santé.
Bibliothèque contemporaine des professeurs.
Bibliothèque Géographique.
La Culture Artistique.
La Parole Franche.

*
* *

C. LES ÉCOLES NORMALES OU PÉDAGOGIQUES.

Historique. — Sous la domination ottomane, des prêtres, des moines et des particuliers étaient les seuls à s'occuper de donner aux enfants une instruction plus que rudimentaire. Après la fondation de l'école de Gabrovo (1835), la plupart des élèves ayant fait leurs études dans cet établissement embrassèrent la carrière d'instituteur et devinrent les propagateurs des principes de la nouvelle méthode de BELL-LANCASTER, appelée la *méthode mutuelle.*

Cours Pédagogiques. — Après la guerre (1877-1878), des écoles furent ouvertes partout; il fallait réorganiser l'instruction primaire et former le corps enseignant nécessaire. Déjà en 1878 des *cours pédagogiques* provisoires furent ouverts dans le but de faire connaître aux instituteurs inexpérimentés et peu préparés au professorat dans les écoles primaires, les méthodes d'enseignement les plus pratiques. Les cours duraient deux mois, pendant les grandes vacances. Dans l'espace de cinq ans, 39 cours furent ouverts, fréquentés par 3500 auditeurs. Puis la durée du cours devint d'un

Detail de la Salle des Fetes de l'Université.

an, et l'admission eut lieu seulement après avoir terminé les études de la IIIe classe.

Toutes ces mesures étaient provisoires : le besoin de créer des écoles spéciales pour la formation du corps enseignant se faisait de plus en plus sentir. Après la réunion de la Bulgarie du Nord et de la Bulgarie du Sud, les cours pédagogiques s'étendirent sur une durée de trois ans et ils furent établis sur le modèle et les programmes de l'école normale de Kazanlik.

Ecoles pédagogiques. — La loi de 1891 n'apportait pas de changements sensibles dans l'organisation des écoles pédagogiques ou normales, mais elle donnait le droit au Ministère de l'Instruction publique d'augmenter le nombre des années, d'élaborer les règlements et les programmes nécessaires et de prendre toutes les mesures pour améliorer l'état de ces écoles.

En 1896, un nouveau règlement, élaboré par le Ministère, porta le nombre des années à quatre, et établit l'admission des élèves par voie de concours ; un nouveau programme, amélioré plus tard (en 1903), plaça l'enseignement dans les écoles pédagogiques sur des bases sérieuses.

Réorganisation. — Une année plus tard,

en 1897, le Ministre de l'Instruction publique, feu M. K. Velitchkoff, réorganisa complètement l'instruction professionnelle des institutrices : les gymnases de filles qui comprenaient jusque là six classes seulement, en auraient sept ; le cours supérieur (Ve, VIe et VIIe cl.) devait avoir deux sections : la section d'instruction générale et la section pédagogique, cette dernière étant destinée à fournir le personnel enseignant (institutrices) pour les écoles primaires et les salles d'asile. Cependant la loi de 1903 modifia cette organisation et créa les véritables écoles pédagogiques de filles sur le type, avec les plans d'études et la destination, des écoles normales d'instituteurs.

Organisation actuelle. — Aujourd'hui les écoles pédagogiques de garçons (écoles normales d'instituteurs) et les écoles pédagogiques de filles (écoles normales d'institutrices) sont des établissements d'enseignement secondaire, avec des programmes identiques et le même but à atteindre. Les élèves y sont admis après avoir terminé avec succès les études de la IIIe classe du progymnase. La durée des études est de 4 ans ; à la fin du 4e cours (4e année) les élèves subissent un examen de fin d'études, ou examen de maturité; l'organisation de ces écoles est là même que pour les gymnases. Les professeurs sont tenus de posséder les mêmes titres de capacité que ceux des gymnases.

Les matières obligatoires enseignées dans les écoles pédagogiques sont:

Langue bulgare avec Vieux Bulgare, et Littérature;

Pédagogie, Psychologie Logique et Morale.

Histoire bulgare, Histoire générale et Histoire de l'Eglise;

Géographie de la Bulgarie et Géographie générale;

Langue russe;

Enseignement civique;

Mathématiques;

Histoire Naturelle;

Physique et Chimie;

Hygiène et Médecine populaire;

Economie politique;

Dessin;

Travaux manuels;

Travaux à l'aiguille (pour les filles);

Musique et Chant;

Gymnastique;

Français ou Allemand.

La Réforme de la loi de 1909. — La

durée des études est à présent de 5 ans. Les trois premières classes sont celles du gymnase, les deux dernières sont des classes spécialement pédagogiques.

Corps enseignant dans les écoles pédagogiques. — Pendant l'année scolaire 1908-1909 il y avait dans le Royaume de Bulgarie 9 écoles pédagogiques, dont 5 pour instituteurs (à Kazanlik, Kiustendil, Lom, Silistra et Choumla) et 4 pour institutrices (à Sofia 2, à St-Zagora et Choumla).

Le nombre des professeurs et des régentes dans ces écoles s'est élevé à 194, dont 70 dans les écoles pédagogiques de garçons et 124 dans les écoles pédagogiques de filles. Dans ces dernières il y avait 64 professeurs et 60 régentes.

Pendant l'année scolaire précédente (1907-1908) le nombre des professeurs et des régentes s'élevait à 175 ; il y eut donc une augmentation de 19 professeurs.

Age des professeurs. — Il n'y a rien à désirer en ce qui concerne l'âge des professeurs et des régentes dans les écoles pédagogiques ; sur un contingent de 194 membres, 154, soit 80 %, sont âgés de 25 à 45 ans, donc dans toute leur énergie ; ceux âgés moins de 25 ans sont au nombre de 21 ;

5 professeurs seulement sont âgés de plus de 50 ans. Il ressort donc que presque tout le personnel des écoles pédagogiques répond parfaitement aux conditions d'âge nécessaires.

Années de service. — Le personnel des écoles pédagogiques est jeune par rapport aux années de service. Sur 194 professeurs et régentes il n'y a qu'un seul qui compte plus de 30 années de service. La loi sur les pensions civiles, entre d'autres avantages, à celui de rajeunir d'une façon rationnelle le personnel, en lui accordant après 15 années de service une pension permettant de vivre modestement.

Instruction professionnelle des professeurs. — Au point de vue de l'instruction professionnelle des professeurs, les écoles pédagogiques sont assez bien partagées, puisque sur un contingent de 194 professeurs, 40 seulement ne possèdent pas les titres de capacité nécessaires. La nouvelle loi permet à ces derniers de passer dans les progymnases sans avoir à subir des dommages matériels.

Classement des professeurs. — Les écoles pédagogiques étant considérées comme établissements d'enseignement secondaire, il est tout naturel que les professeurs reçoivent le même traitement que le corps enseignant des gymnases. Les professeurs des écoles pédagogiques doivent posséder les mêmes titres de capacité que leurs collègues du gymnase; ils font leurs cours absolument comme s'ils avaient devant eux des élèves du gymnase, sans avoir à s'occuper de la pédagogie proprement dite, puisque cette matière fait l'objet d'un cours spécial confié à un professeur de pédagogie, muni d'une instruction pédagogique supérieure. Les directeurs et les professeurs des écoles pédagogiques passent d'une école normale dans un gymnase avec le même traitement, les droits et les prérogatives conférés aux professeurs des écoles secondaires.

Dans quelques rapports des directeurs, les instituteurs des écoles annexées sont aussi compris dans le classement des professeurs. Voici cependant les données les plus approximatives à ce sujet.

Pendant l'année scolaire 1908-1909 il y avait dans les écoles pédagogiques :

Professeurs de V[e] classe.... 61
Professeurs de IVe classe.... 41
Professeurs de IIIe classe.... 30
Professeurs de IIe classe.... 18

Une leçon de travaux manuels à l'Ecole Pédagogique de Kazanlik.

Nombre des élèves dans les écoles pédagogiques. — Pendant l'année scolaire 1908-1909, le nombre des élèves dans les écoles normales d'instituteurs et d'institutrices s'est élevé à 3665, dont 841 garçons et 2824 jeunes filles, y compris les classes inférieures. Le nombre des jeunes filles dépasse celui des garçons, parce que les trois classes inférieures y sont comprises, soit 1785 jeunes filles.

Si l'on considère que le nombre des garçons s'élève à 841 et celui des jeunes filles à 2824, il ressort qu'à chaque professeur il revient en moyenne un nombre de 19 élèves.

Confession religieuse. — La population scolaire des écoles pédagogiques de garçons et de filles se compose presque exclusivement d'orthodoxes. Il y a eu 7 catholiques, toutes des jeunes filles, et 124 israélites, dont 16 jeunes garçons, 5 arméniens et un seul mahométan, à Silistra.

Succès annuel. — La promotion d'un cours dans un autre se fait sur le mode établi pour le gymnase. À la fin de l'année scolaire 1908-1909, dans le premier cours, 95 élèves passaient et 125 échouaient (avaient à faire un examen à la rentrée ou à redoubler la classe), dans le IIe cours 112 passaient et 128 échouaient, dans le IIIe cours 103 passaient et 108 échouaient.

Pour les jeunes filles la proportion des élèves qui échouent est moins grande. Dans le I^{r} cours, 142 passaient et 138 échouaient; dans le IIe cours, 154 passaient et 159 échouaient; dans le IIIe cours, 164 passaient et 104 échouaient; soit en tout pour les écoles pédagogiques de garçons, 315 élèves qui passaient et 361 qui échouaient; pour les écoles de filles, 1455 élèves passaient et 1223 échouaient.

Budget. — Les dépenses faites pour l'entretien des écoles normales s'élèvaient pour l'année 1908-1989 à la somme de 748.400 francs, soit en moyenne pour une école 84.150 fr. par an.

Les dépenses faites pour le corps enseignant s'élevaient à la somme de 622.620 fr.; pour les secrétaires et les gens de service 42.520 fr.; pour loyer 27.400 fr.; pour chauffage et éclairage il a été dépensé 18.710 fr., pour réparations 13,650 francs, etc.

Fonds pour venir en aide aux élèves pauvres. — Ces fonds s'élèvent à la somme de 43.000 fr. L'école pédagogique de filles de Choumla possède le fonds le plus élevé

(9191 fr.); viennent après celui de Lom (6724 fr.); et de Silistra (6040 fr.); l'école de Kazanlik possède le fonds le moins élevé (1051 francs).

*
* *

D. ENSEIGNEMENT MOYEN SPECIAL.

Séminaire théologique. — Un Séminaire théologique, se rattachant aux progymnases et possédant le rang de gymnase, a été créé à Sofia pour la culture spéciale des prêtres et des religieux. Il comporte six années d'études, et quoique les branches théologiques y sont en majorité, la culture générale y est cependant aussi l'objet de tous les soins. Il est fréquenté par 150 élèves, et possède 12 professeurs et un recteur ayant qualité d'évêque.

Il est à remarquer que la fréquentation du séminaire théologique ne comporte pas l'obligation de se destiner à la prêtrise.

L'Ecole des Arts appliqués. — Quoique se rattachant à l'enseignement moyen spécial, nous avons cru pouvoir remettre l'exposé de l'école des arts appliqués au chapitre traitant des Institutions Culturales et Philantropiques.

L'Ecole de Musique. — Une école de

musique privée subsidiée existe depuis cinq ans. A partir du 1r septembre 1910 elle a été reprise par l'État et fera l'objet d'une réorganisation complète qui assurera son existence. Le temps n'est pas bien loin où elle sera érigée en conservatoire.

L'Ecole technique. — L'école technique date de la loi du 28 février 1909 et a été ouverte le 1r septembre de la même année. Voici les articles de la loi de 1909 qui y ont rapport:

ART. 217. — L'école technique a pour but de donner aux élèves une instruction générale et de préparer un personnel spécialisé aux différentes branches de la technique, de l'industrie et de l'agriculture.

ART. 218. — L'école comprend les sections suivantes :

a) constructions civiles et voies de communication; *b*) technique des cultures et des forêts et technique cadastrale; *c*) machines et électrotechnique; *d*) mines.

ART. 219. — L'école sera ouverte pendant l'année scolaire 1909-1910 et comprendra les trois premières sections et les sous-sections afférentes La quatrième section sera ouverte lorsque les besoins du pays l'exigeront. De

L'Ecole Pédagogique de Silistra.

nouvelles sections pourront être ouvertes par voie législative.

Art. 210. — Outre les matières de la Ie et la IIe classes des gymnases, sont encore enseignées à l'école les matières suivantes:

Algèbre, Trigonométrie, Géométrie analytique, Géométrie descriptive, Géométrie pratique, Physique, Chimie inorganique, organique et technique, Géologie et Pétrographie, Mécanique technique, Graphostatique, Résistance des matériaux, Stéréotomie des matériaux de construction et autres, Art graphique, Dessin technique, Esthétique, Services publics, Constructions civiles, Constructions du génie civil, Chaussées, Ponts en bois et en pierres, Laboratoire du génie civil, Hydrologie, hydrostatique, hydromécanique, Approvisionnement des eaux, Canalisation, Chemins de fer, Mécanique télégraphique et téléphonique, Construction des machines, Electrotechnique, Technique de la chaleur, Cartes et cartographie, Technique cadastrale et législation, Etude des sols, Technique des cultures, Technique photolithographique, Technique des mines, Administration et législation, Statistique, Economie industrielle, Métrés et comptabilité, Français, Allemand, Russe et Turc.

Le cours des études est de 5 ans ; mais nul élève n'est admis à se spécialiser en suivant les cours de deux sections différentes à la fois. L'année scolaire dure du 1r septembre au 1r juillet. Pendant les deux mois des vacances il est organisé des travaux pratiques ou des excursions, selon les dispositions prises par le Conseil des Professeurs.

L'Ecole Militaire. — A ses origines, l'école militaire se composait d'une école des cadets, ayant rang de gymnase, et d'un cours spécial de deux ans. A présent le cours spécial seul a été maintenu, et un nombre limité d'élèves s'y préparent à la sous-lieutenance.

Autres Ecoles du Ministère de la Guerre. — A part l'école militaire, le Ministère de la Guerre possède encore une Ecole d'Ingénieurs, une Ecole de Marine et une Ecole pour Officiers de Réserve.

Ecoles du Ministère de l'Agriculture et du Commerce. — Le Ministère de l'Agriculture et du Commerce a créé aussi des écoles d'Agriculture à Sadovo, Plevna et Roustchouc, de Commerce à Sistov et Balagas, et industrielles à Sofia, Roustchouc, etc..

III. L'Enseignement Supérieur.

L'UNIVERSITE de Sofia. — La Bulgarie ne possède qu'une seule université, à Sofia. D'après l'art. 289 de la loi scolaire, elle est dénommée: « Université des frères Evlogui et Christo Guéorguieff, de Karlovo », en reconnaissance de ce que les fonds nécessaires à la construction complète du bâtiment universitaire, ainsi que ceux pour l'entretien complet de l'université, ont été légués par feu Evlogui Guéorguieff, grand patriote bulgare, né le 15 octobre 1819 à Karlovo, et mort le 5 juillet 1897 à Bucarest. Dans son testament il a stipulé qu'en échange de ce legs l'université porterait son nom et celui de son frère Christo. Ces fonds atteignent aujourd'hui le chiffre rond de quinze millions de francs.

Premiers Essais. — Le Ministre de l'Instruction publique, feu M. TH. IVANTCHOFF, ordonna par Arrêté du 5 juin 1887 la création d'une VIIIe classe pédagogogique au premier gymnase de garçons de Sofia, mais il se passa à peine quelques jours et une nouvelle instruction, en date du 23 juin, suspendit l'ouverture de cette classe.

Une année plus tard, un nouvel Arrêté vint ordonner la création au premier gymnase de Sofia, non plus d'une VIIIe classe pédagogique, mais d'un « Cours Pédagogique supérieur », comprenant une section historico-philologiqne. Le 2 septembre 1888, les directeurs des écoles secondaires d'État, ainsi que les inspecteurs scolaires départementaux étaient invités à prendre les mesures nécessaires pour envoyer autant qu'il serait possible des jeunes gens au « Cours pédagogique supérieur », en promettant aux plus pauvres d'entre eux une bourse de 720 francs par an.

Cours Pédagogique Supérieur. — Enfin le 1er octobre 1888 fut ouvert le nouveau Cours pédagogique: huit professeurs appelés des gymnases commencèrent leurs cours devant 43 auditeurs, dont les trois quarts étaient des boursiers, le tout un peu sans méthode

Le progymnase (Ecole à six classes) de jeunes filles de Plevna.

arretée, sans plan et selon les besoins du moment; collections, laboratoires, travaux pratiques faisaient complètement défaut: deux à trois cents livres, quelques vieux bancs et quelques tables formaient tout le matériel didactique et le mobilier scolaire du nouvel établissement.

Les débuts et les prétentions de la nouvelle école supérieure étaient des plus modestes, mais la conviction qu'on jetait les bases d'une institution culturale des plus élevées, était profonde et générale; professeurs et élèves déployaient un zèle ardent, ayant toujours en vue l'idéal à atteindre: la fondation de l'Université bulgare.

Développement. — Le corps enseignant demanda d'abord que la durée des études fût portée à trois ans (1888-1889), ce qui fut accordé. L'année suivante fut créée la section physico-mathématique qui comptait 4 professeurs et 34 auditeurs. Enfin en 1893 fut encore ouverte la section de droit qui comptait 7 professeurs et 67 auditeurs; de fait, les trois facultés existant actuellement étaient créées.

Création de l'Université. — Depuis lors, l'École supérieure, lentement, mais par degrés, se transforma, s'améliora, s'organisa et donna les résultats attendus. En 1894 les sections devinrent facultés, chacune ayant un doyen et un conseil de faculté ; le conseil des professeurs fut appelé conseil académique, les maîtres devinrent des professeurs, les élèves, des étudiants ; l'enseignement de jour en jour se développa, se perfectionna ; de nouvelles chaires furent ouvertes ; partout un souffle ardent se fit sentir ; il n'y avait pas de motifs pour refuser à la nouvelle école le nom d'université et les prérogatives qui s'y attachent. La loi du 22 janvier 1903 lui donna avec le nom officiel d'*Université*, la compétence définie, la capacité civile, l'autonomie absolue et la liberté intellectuelle la plus complète.

Crise universitaire. — Les événements politiques de 1905-1906 trouvèrent leur écho dans la jeunesse universitaire ; les étudiants prirent part aux troubles de cette époque ; d'autre part quelques professeurs s'étaient exprimés ouvertement contre certaines mesures du gouvernement, et, après la démonstration du 3 janvier 1907, l'Université fut fermée pour six mois, les étudiants dispersés, les professeurs renvoyés. Une nouvelle loi, avec des restrictions, fut votée par l'Assemblée Nationale et, comme le corps des professeurs ne s'écartait pas de la position qu'il avait prise, on procéda à la nomination de nouveaux professeurs. Ces mesures n'aplanirent pas les dificultés : les étudiants refusèrent de se faire inscrire et la crise universitaire entra de jour en jour dans une phase plus aiguë encore. Lorsque le gouvernement démocratique actuel vint au pouvoir, son premier souci fut de mettre fin à la crise universitaire : des pourparlers furent entamés entre le corps professoral et le Ministre de l'Instruction publique, M. N. MOUCHANOFF. Les professeurs, pour ouvrir leurs cours, fixaient trois conditions principales : 1) les restrictions de la nouvelle loi devaient être rapportées, en laissant l'Université fonctionner sous le régime des lois antérieures ; 2) tous les professeurs devaient être réintégrés dans leur poste, y compris ceux qui avaient été accusés par le Ministère précédent ; 3) tous les professeurs nouvellement nommés devaient être révoqués. Ces conditions furent acceptées ; le 31 janvier 1908 l'Université fut réouverte, et tout reprit son activité et son calme habituels.

Etat actuel. — L'Université de Sofia,

comme il a été dit plus haut, compte trois facultés : la faculté historico-philologique, la faculté physico-mathématique et la faculté de droit. La durée des études est de quatre ans. Ces facultés forment le corps enseignant pour les gymnases, ainsi que des avocats.

Il y a beaucoup de fonctions administratives et financières pour lesquelles non seulement l'Université ne prépare pas de fonctionnaires, mais encore pour lesquelles aucune école n'existe en Bulgarie. Il est vrai, la faculté de droit donne une partie des connaissances nécessaires à un bon administrateur, mais non seulement elle ne les donne pas toutes, mais elle a et doit avoir un caractère purement juridique. La faculté physico-mathématique, elle aussi, développe une activité bornée, puisqu'elle se contente de préparer seulement des professeurs et des régentes pour les gymnases. Une lacune de l'Université de Sofia consiste encore dans la négligence des questions agronomiques, et cela dans un pays essentiellement agricole. Aussi l'article 292 de la Loi de 1909 institue non seulement l'enseignement agronomique, mais aussi l'enseignement technique. La faculté agronomique comprendra les chaires et les disciplines suivantes : agriculture, élevage, sylviculture, viticulture, technologie agricole, économie agricole, anthomologie, bactériologie et phytopalhologie, machines agricoles et leur construction, science vétérinaire.

Fonctionnement de l'Université. — L'Université de Sofia fonctionne conformément à la loi spéciale la concernant. Le Ministère a seulement le contrôle supérieur. L'Université est dirigée par le Conseil académique, les facultés par les conseils de faculté. Les professeurs et les docents de toutes les facultés élisent au commencement du mois de juin parmi les professeurs de l'Université l'un d'entre eux comme recteur, qui est seulement confirmé dans ses fonctions par le Ministre ; c'est ce qui a lieu également pour les doyens, qui sont élus par les membres de chaque faculté. Ainsi donc le Ministre ne peut pas nommer comme recteur une personne désignée par lui ni faire opposition à celui nommé par le conseil académique. Le recteur élu est confirmé dans ses fonctions avant la fin du même mois par le Ministère.

Les professeurs, les docents et les lecteurs sont également élus par le conseil académique, sur la recommandation des conseils de faculté et sont confirmés dans leurs fonctions d'après le mode établi pour leur nomination. C'est la plus importante prérogative de l'Université de Sofia.

Mais elle n'est pas la seule. Le conseil académique veille à l'exécution de toute l'organisation et du fonctionnement de l'institution, fixe le budget, tient tout le contrôle sur le personnel et les biens de l'école, résout les questions se rapportant au personnel, aux chaires, à l'organisation, sanctionne les plans d'études et les plans des cours, exerce au point de vue de la discipline l'autorité envers toutes les personnes faisant partie de l'Université, et lorsqu'il le juge nécessaire, ordonne la suspension en entier ou en partie des cours de l'Université.

Traitement des Professeurs. — Les traitements des membres de l'Université sont:

a) Par an: professeur ordinaire: 7200 francs; professeur extraordinaire: 6000 fr.; docent titulaire et bibliothécaire: 4.800 fr.; secrétaire: 4.200 fr.; lecteur titulaire et questeur: 3600 fr.; assistant, conservateur, jardinier-directeur, mécanicien préparateur et adjoint au secrétaire: 3000 fr.

b) Le recteur reçoit une rémunération annuelle complémentaire de 1200 fr.; les doyens et les chefs des instituts, de 600 fr.

c) Les privat-docents reçoivent 15 fr. par leçon s'ils ont une autre fonction à l'Etat ou dans la commune; 25 fr. s'ils n'ont pas une fonction de ce genre.

d) Les lecteurs qui ont une autre fonction reçoivent 10 fr. par leçon; ceux qui n'en ont pas, 15 fr.

Aujourd'hui l'Université de Sofia compte:

1) 16 professeurs ordinaires.
2) 6 professeurs extraordinaires.
3) 6 docents titulaires.
4) 12 privat-docents.
5) 4 lecteurs titulaires.
6) 1 lecteur privé.
7) 1 bibliothécaire.
8) 2 adjoints au bibliothécaire.
9) 1 questeur.
10) 16 assistants.
11) 1 jardinier-directeur.
12) 1 préparateur
13) 1 laborant.
14) 1 secrétaire.
15) 1 adjoint.
16) 1 archiviste.

Total 71 membres.

Etudiants. — Les étudiants de l'Université sont des étudiants réguliers et des auditeurs. Sont étudiants réguliers tous ceux qui ont une instruction secondaire, ayant fini les études du gymnases, et sont munis du certificat de maturité; les séminaristes et les élèves des écoles pédagogiques en sont exclus. Les femmes sont admises au même titre que les jeunes gens et cela dans toutes les facultés; cependant presque toutes les étudiantes suivent les cours de la faculté historico-philologique et de la faculté physico-mathématique pour devenir professeurs dans les gymnases; celles qui se seraient fait inscrire dans la faculté de droit risquent de rester seulement avec leur bagage juridique, puisque la loi est muette au sujet des femmes avocats et des femmes magistrats.

Les étudiants ne peuvent se faire inscrire que dans une faculté seulement, tout en ayant le droit de suivre les matières d'une autre faculté; c'est ce qui permet à plusieurs d'entre eux de suivre non seulement les cours qui leur sont nécessaires pour leur spécialité, mais aussi les disciplines qui peuvent avoir de l'intérêt pour eux.

Lorsque les étudiants choisissent dans le

L'Ecole Pédagogique de Kiustendil.

plan des cours les matières et les travaux du domaine de leur spécialité, les leçons à suivre doivent atteindre au moins 15 à 18 heures par semaine, sans compter le nombre des cours sur les langues anciennes et vivantes, ainsi que les travaux pratiques.

Lorsqu'il est prouvé que l'étudiant fréquente irrégulièrement les cours, il reçoit pour la première fois un avertissement, et en cas de récidive fréquente il peut perdre son inscription pour un semestre. L'absence complète des cours et des travaux pratiques sans motifs sérieux, entraîne absolument la radiation pour le semestre.

Au point de vue de la discipline, les étudiants sont responsables devant les autorités universitaires pour tous leurs actes commis à l'Université; pour les fautes commises hors de l'Université, ils sont responsables comme tous les citoyens bulgares devant les lois du pays. Aucun étudiant ne peut être puni disciplinairement avant d'avoir donné ses explications de vive voix ou par écrit.

Nombre des Etudiants. — Pendant l'année scolaire 1908-1909 le nombre des étudiants et des étudiantes de l'Université de Sofia s'est élevé à 1569.

a) Sur ce nombre 1321 étaient des étudiants réguliers			Total
» » » 248 » » auditeurs			1569
b) Parmi les étudiants 1352 étaient des étudiants			Total
» » » 217 » » étudiantes			1569
c) Parmi les étudiants réguliers 1157 étaient des étudiants			Total
» » » » 164 » » étudiantes			1321
d) Parmi les auditeurs 195 » » hommes			Total
» » » 53 » » femmes			248

IV. Institutions Culturales et Philanthropiques.

ONSIDÉRATIONS préliminaires. — Pendant les premières années après la délivrance, tout ce qui était entrepris dans le ressort du Ministère en vue d'élever le niveau intellectuel de la nation, se bornait à l'organisation et à l'amélioration de l'instruction primaire et secondaire; les quelques institutions culturales qui avaient été créées furent laissées à elles-mêmes et se développaient comme elles pouvaient. Avec les années cependant, lorsque tout ce qui touchait l'instruction commençait à prendre de la stabilité, il fallut bien songer aux institutions culturales dont les unes avançaient rapidement vers leur épanouissement complet, et dont les autres, venues comme conséquence naturelle de l'amélioration de la vie économique du pays, réclamaient les soins du Ministère de l'Instruction publique. Il était impossible de négliger davantage ce domaine si vaste et si important de la vie intellectuelle nationale. « Le vrai progrès existe là seulement où dans un tout harmonique et inséparable sont réunis les biens matériels aux biens moraux, le progrès intellectuel au progrès économique. C'est ainsi seulement qu'on peut arriver à la véritable perfection culturale et recueillir les avantages de force et de respect qu'elle peut donner ».

Création d'un Bureau spécial. — Les diverses institutions culturales et philanthropiques ressortissaient de la section de l'Enseignement secondaire et supérieur. Le chef de cette section s'en occupait autant que le temps le lui permettait; surchargé de travail dans l'organisation des gymnases, des progymnases et de l'Université, ainsi que dans l'élaboration des lois, règlements et programmes, il devait naturellement négliger les institutions culturales. Le Ministère se vit ainsi obligé de créer en 1909 un Bureau spécial pour les institutions culturales. La tâche du nouveau Bureau n'était

Une leçon à l'Ecole de Céramique.

pas des plus simples, vu que la plupart de ces institutions exigeaient une nouvelle organisation conformément aux besoins nouveaux du pays et aux progrès accomplis à l'étranger; aussi ce Bureau fut-il transformé à partir de 1910 en Section, ayant dans son ressort : 1) l'Ecole des Arts appliqués, 2) les Musées nationaux, 3) les Bibliothèques nationales, 4) le Théâtre national, 5) les Cabinets de Lecture, 6) les Bourses et Subventions, 7) les Institutions philanthropiques et Orphelinats, et 9) les Fonds (1).

***

L'ECOLE DES ARTS APPLIQUÉS.

L'Art en Bulgarie. — Jusqu'à l'avénement de la Bulgarie à la vie politique, la tâche principale de la masse éclairée de la nation consistait surtout à éveiller dans le peuple la conscience de ses droits, dont il avait été complètement privé jusque là.

Une fois né à la vie politique et nationale,

(1) Cette subdivision est traitée au chapitre V : *Administration centrale*.

(2) D'après « *Fine Art in Bulgaria* » *(Supplement to Bulgaria of to-day)* by ANDREY PROTITCH, London, 1907.

grâce à la pression de l'opinion publique européenne et surtout anglaise, grâce encore à la force armée de l'étranger, le peuple bulgare s'efforça avant tout de reprendre conscience de son état politique et économique. Le gouvernement bulgare n'entrevit d'abord d'autre tâche culturale que celle de réorganiser l'enseignement primaire et secondaire; on était loin alors de songer à faire revivre ou à encourager les arts dans le pays.

Mais cette tâche devait par la force des choses s'imposer d'elle-même. Dans les programmes d'études des écoles secondaires était inscrit l'enseignement du dessin comme matière obligatoire. Aussi le gouvernement bulgare se vit-il dans l'obligation de faire venir de l'étranger des artistes comme professeurs de dessin, ainsi qu'il avait fait pour d'autres branches de l'enseignement pour lesquelles il n'y avait pas de spécialistes. De la sorte, la nécessité de compléter le corps enseignant des gymnases et des progymnases fut un des motifs pour faire venir des artistes de l'étranger.

Les Artistes étrangers en Bulgarie. — Il y a eu d'autres raisons encore. Pendant la guerre serbo-bulgare (1885) des artistes vinrent dans le pays en qualité de correspondants envoyés par des revues et journaux illustrés. Ils ne se contentèrent pas seulement d'envoyer à l'étranger des scènes du théâtre de la guerre, mais ils mirent à profit leur séjour pour composer des tableaux dont les motifs étaient pris dans l'histoire, les coutumes et la nature du pays. D'autres peintres vinrent, soit pour ouvrir des écoles privées de dessin, soit pour tenter la fortune.

Les artistes étrangers, venus en Bulgarie sur l'invitation du gouvernement bulgare ou de leur propre gré, ne restèrent pas tous dans le pays; après un séjour de quelques années la plupart d'entre eux quittèrent pour toujours la Bulgarie pour retourner dans leur patrie ou pour aller chercher fortune ailleurs. Malgré leur séjour relativement court, ils ont contribué pour leur part à l'essor des arts; les uns comme professeurs de dessin, les autres en participant aux expositions collectives ou privées qui avaient lieu en Bulgarie, d'autres encore en laissant au pays leurs œuvres artistiques, devenues la propriété du Musée National, du Roi ou de particuliers.

Influence capitale. — Il va sans dire que l'influence capitale revient aux artistes étrangers qui se sont naturalisés et sont restés dans le pays, ainsi qu'aux artistes bulgares sortis des Écoles des Beaux-Arts de l'étranger ou de l'Ecole de Dessin de Sofia. Les expositions fréquentes qui ont eu lieu dans le pays n'ont pas moins contribué à l'essor des arts. La première exposition en Bulgarie fut organisée en décembre 1887 par le professeur de dessin M. Iv. ANGUELOFF, dans un des salons du gymnase. Cette exposition se composait de trois toiles exécutées en Bulgarie par M. ANGUELOFF, de quelques études et dessins faits par lui, ainsi que de dessins faits par les élèves du gymnase; la première exposition collective fut organisée en 1892, à l'occasion de l'Exposition de Philippopoli.

L'Intérêt du public s'éveille. — Le public s'intéressait de plus en plus aux arts et témoignait son intérêt par son concours matériel. Les tableaux des maîtres bulgares trouvèrent des acheteurs avant tout dans la personne du Roi, qui possède actuellement la plus riche collection de tableaux ornant ses palais (à Sofia, Philippopoli, Varna) et ses villas (au village de Sitniakovo et au village de Vrana); l'Etat a fait de nombreux achats pour le Musée National, et enfin des com-

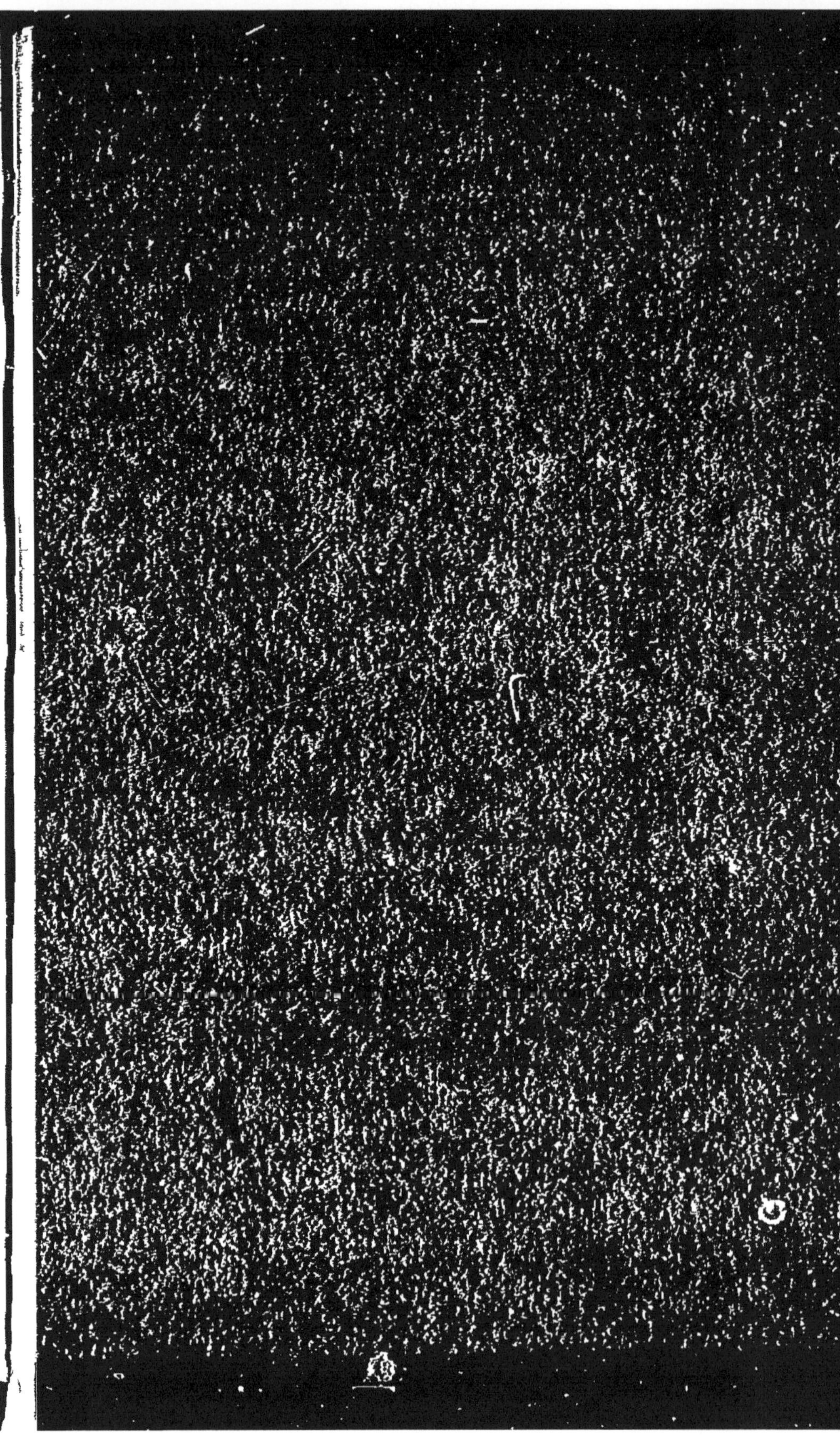

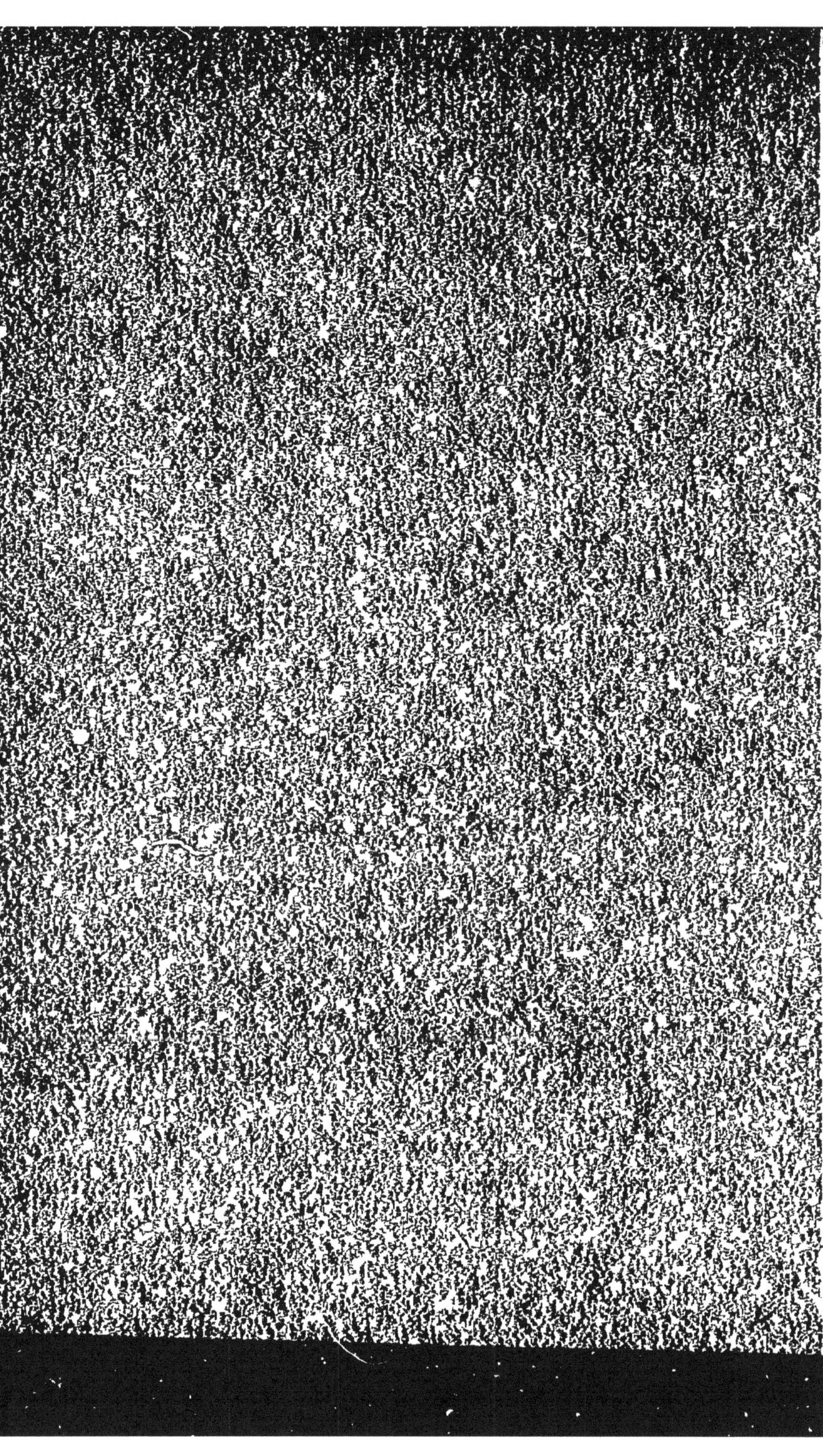

Une Salles de l'Exposition des Beaux-Arts.

mandes faites par des particuliers, ne tardèrent pas à venir.

Sujets des Tableaux. — Les sujets des tableaux dénotent surtout la compréhension banale et journalière propre aux masses: motifs ethnographiques intéressants, coutumes, scènes populaires, animaux, portraits, natures mortes, icônes, allégories, tableaux symboliques, héros et mythes, scènes prises dans les dernières révolutions, tout cela figure dans le Musée National, dans les expositions et dans les domiciles bulgares. Cependant les paysages, les tableaux ayant pour motifs des coutumes, et les portraits en couleurs, les aquarelles, les dessins, et, dans ces derniers temps, les pastels, tiennent la première place. La conception et la représentation d'un sujet d'une façon maîtresse et artistique, la possession des lignes, le sens des couleurs, le coloris et le sens du milieu, l'influence de la lumière et de l'air sur le sujet, la possession complète des formes de l'homme, des animaux et de la nature, et d'autres habiletés dans la composition, ont été peu familières aux artistes en Bulgarie.

Sociétés des Peintres. — Les peintres

de Bulgarie, tant ceux qui se sont naturalisés que les bulgares, se sont groupés en deux sociétés: *La Société des Peintres de Bulgarie*, et *L'Art moderne*. Les deux sociétés vivent dans un antagonisme latent, mais sur le terrain cultural.

Fondation de l'Ecole de Dessin. — L'Assemblée Nationale vota dans sa IVe session ordinaire sur la proposition du Ministre de l'Instruction publique, feu M. K. VELITCHKOFF, une loi portant la création d'une Ecole de Dessin. Le 1r septembre 1896 le nouvel institut fut ouvert : il comptait 4 professeurs et 56 élèves, dont 3 jeunes filles; des bâtiments plus ou moins appropriés au but servirent de local. La première année de l'existence de l'école fut close par une exposition. Les débuts du nouvel institut furent difficiles : la nouvelle école ne fut pas accueillie avec toute la sympathie qu'elle méritait par les hautes classes de la société et les cercles dirigeants, car on n'appréciait pas assez l'importance et l'utilité de cet institut. C'est ici le cas de rendre hommage au Roi, qui dès le premier jour accorda sa sympathie et sa protection à cette école, qu'il considérait comme le seul foyer pour l'éclosion des arts en Bul-

La Leçon de Modelage (École de Dessin, Sofia).

garie. Et non seulement il témoigna sa sympathie par des paroles d'encouragement, mais encore par des actes : il participait avec ses collections de tableaux aux expositions organisées par l'école, lui faisait cadeau de plusieurs toiles et marbres lui appartenant, accordait des secours pécuniers importants aux élèves pauvres, soit pour leur permettre de continuer leurs études, soit pour se rendre à l'étranger, faisait des visites fréquentes à l'Ecole, assistait aux conférences sur l'art organisées à l'Ecole et, toujours et partout, il lui témoignait hautement sa protection.

Essor de l'Ecole de Dessin. — Fondée avec des prétentions fort modestes en vue de former des professeurs de dessin pour les gymnases et les progymnases, l'Ecole prit bientôt un essor rapide. Chaque année on faisait de nouvelles modifications et améliorations ; sans cesse l'institution se développait, espérant, comme cela s'est réalisé d'ailleurs, que par le travail et par des progrès sensibles il s'attirerait l'attention de l'opinion publique. Les élèves sortis de l'École montrèrent du talent dans leurs travaux ; l'opinion publicommença à comprendre l'importance de l'École et lui accorda sa sympathie en lui passant des commandes pour des incônes, des motifs décoratifs et autres. Les échos venus de l'étranger relevèrent encore davantage aux yeux de tous le renom de l'École. Pour ses tableaux, ses sculptures et les objets exposés à l'étranger, les jurys internationaux lui décernèrent la médaille d'or à l'Exposition de Paris en 1900, la médaille d'or à l'Exposition de 1904, à Saint-Louis, et la plus haute récompense, le Grand Prix, à l'Exposition de Liège en 1905.

Succès de l'Ecole. — Pendant la première période décennale de son existence, l'Ecole a donné 52 professeurs de dessin, 19 artistes-peintres, 36 peintres sur les arts appliqués, et mit à même 33 élèves de continuer leurs études à l'étranger.

Etat actuel. — L'Ecole de dessin a été transformée en Ecole des Arts appliqués en vertu de la loi de 1909. L'école a pour but de former: *a*) des artistes dans les Beaux-Arts; *b*) des artistes dans les arts appliqués aux divers métiers et industries (peinture et icônes, gravure sur bois, art décoratif, céramique, orfèvrerie); *c*) des professeurs et des régentes pour les progymnases, les gymnases et les écoles spéciales.

Division de l'Ecole. — L'Ecole comprend: *a*) une section générale; *b*) des sections spéciales avec des ateliers. Dans la section générale sont enseignés le dessin figuratif et le dessin d'ornement, la peinture, la libre composition et exécution des formes naturelles, des connaissances théoriques sur les ombres, les projections, la perspective et la stylisation, l'histoire de l'art et l'anatomie plastique. Les sections spéciales sont: 1) Ecole de peinture; 2) Ecole d'art graphique; 3) Ecole d'art décoratif; 4) Ecole de sculpture; 5) Ecole d'architecture. A ces sections spéciales sont annexés des ateliers, savoir : 1) atelier de céramique; 2) atelier de sculpture sur bois; 3) atelier de dentelles et de broderies; 4) atelier de gravure; 5) atelier de stylogie; 6) laboratoire chimique.

La durée des études de la section générale est de trois ans; le cours de chacune des sections spéciales dure deux ans.

Direction. — Le directeur est nommé parmi les trois candidats élus par le conseil des professeurs. Ces trois candidats sont élus par leurs collègues au scrutin secret. Le directeur dirige l'Ecole; il est assisté par le conseil des professeurs attachés à l'Ecole.

Professeurs. — Les professeurs sont ordinaires ou extraordinaires. Les professeurs ordinaires touchent de 3600 jusqu'à 5400 francs par an; les professeurs extraordinaires sont payés au cachet (de 5 à 15 francs).

Elèves. — Les élèves sont réguliers ou auditeurs. Sont admis comme élèves réguliers tous ceux (hommes et femmes) qui ont terminé au moins les études d'un progymnase ou d'une école industrielle, et qui ont fait preuve pendant la première année de talent pour l'art; les auditeurs sont admis seulement par décision du conseil des professeurs. Un élève d'une section spéciale ne peut pas prendre d'inscription dans deux sections spéciales à la fois.

Les élèves payent une taxe de 20 francs par semestre, les auditeurs 50 fr. par semestre. Les élèves pauvres sont exemptés de la taxe.

Année scolaire. — L'année scolaire comprend deux semestres; le semestre d'hiver dure du 15 septembre au 15 février; le semestre d'été depuis le 15 février jusqu'au 15 juin.

Droits reconnus aux élèves. — Les élèves ayant terminé l'Ecole des Arts appliqués et possédant le certificat de maturité

A l'Ecole de Dessin (Sofia). — Dessin d'après nature.

délivré par un gymnase ou une école spéciale, jouissent des droits accordés à ceux munis d'une instruction supérieure. Les élèves ayant terminé les études de l'Ecole jouissent des droits accordés à ceux munis d'une instruction secondaire. A la fin de chaque semestre il y a un examen de contrôle. Sur la proposition du professeur respectif, tous les élèves ayant travaillé pendant le semestre écoulé sont admis à l'examen pratique par le conseil. Le dernier examen passé à la fin du cours de la section générale donne le droit d'entrer dans une section spéciale. (Un examen est passé avec succès quand on reçoit au moins la note passable.) Les élèves ayant terminé les études de l'Ecole reçoivent un certificat signé par le directeur et les professeurs de l'Ecole.

Fréquentation. — Pendant l'année scolaire 1908-1909, il y a eu 82 élèves inscrits dans la section générale, dont 64 hommes et 21 femmes; dans les sections spéciales se sont fait inscrire 64 élèves, dont 51 hommes et 13 femmes.

*
* *

II. LE MUSÉE ARCHÉOLOGIQUE.

Coup d'œil historique. — Le nouvel Etat bulgare créé en 1878 avait besoin d'hommes éminents doués d'une énergie extraordinaire et de hautes qualités intellectuelles. Par bonheur, il s'en trouva alors plusieurs et ils jetèrent les bases solides et durables de tout ce qui existe actuellement dans les rouages du gouvernement, de l'instruction et des institutions culturales de Bulgarie. En même temps qu'on fondait la Bibliothèque Nationale (1878) on instituait aussi le Musée National Bulgare, mais comme formant une section de cet institut; quelques monnaies, des armes, des inscriptions, ainsi que des copies de quelques images saintes prises dans les monastères et les églises aux environs de Sofia, formaient tous les biens de la section nouvellement créée et annexée à la Bibliothèque. Dans les premières années il n'y avait pas un plan arrêté concernant l'activité et le développement du Musée National, mais ici encore, comme dans toutes les œuvres culturales, il était suffisant que l'Institution fut créée pour qu'elle progressât rapidement et occupât la place qui

Le Musée d'Archéologie à Sofia.

lui revenait. Il faut dire que le Roi, amateur fervent des antiquités, n'était pas étranger aux progrès du nouveau Musée.

Autonomie de Musée. — En 1891 le Musée cessa de faire partie de la Bibliothèque et forma un Institut indépendant; les deux collections contenaient en tout 2728 spécimens, dont 2563 monnaies et 163 objets archéologiques, ethnographiques et autres.

Activité du Musee. — Le nouveau Musée prit des mesures pour réunir les antiquités dispersées un peu partout dans le pays: bas-reliefs, pierres tombales inscriptions et autres monuments; c'est ainsi que dans un espace de temps relativement restreint on arriva à former une collection archéologique suffisamment fournie.

Fouilles. — La seconde tâche du Musée consistait à faire des fouilles partout où il y avait des vestiges des civilisations passées et des coutumes des peuples qui avaient habité le pays; les fouilles faites dans les monticules thraces donnèrent des matériaux sur les villes antiques de Bulgarie (Nicopolis ad Istrum, Burdopa, Saldobyssa, etc); des matériaux sur la civilisation romaine furent obtenus en fouillant systématiquement les ruines des villes antiques: la Colonia Ulpia Oescus (près du village de Guiguen), la bourgade près de Kadin-Keuy, le monticule près du village de Toulovo (Kazanlik) ; les fouilles à Hissar, à Trapezitza (Tirnovo), et à Aboba (Preslav) fournirent des matériaux importants sur la civilisation byzantine et l'époque des tzars bulgares. Le pays insuffisamment exploré encore contient sûrement des richesses archéologiques importantes.

Numismatique. — La deuxième section du Musée national : « Numismatique », s'enrichit rapidement et continue de s'enrichir tous les jours, surtout de spécimens frappés par les rois et les alliés de la Mœsie antique, la Thrace et la Macédoine, ainsi que de monnaies frappées par les Slaves du sud, du temps des rois bulgares. On acquit beaucoup de spécimens riches et rares à des prix dérisoires. Quelques pièces de monnaie, taxées par Mionet 200 fr., furent achetées pour 15 centimes ; d'autres qui valaient 20 fr. pour 20 centimes ; il y en a qui valaient 600 fr. et qui furent achetées pour 4 à 5 francs.

Deux sections. — On créa au Musée National deux sections, la « Renaissance du peuple bulgare » (1904), et la « Galerie de tableaux » (1907). La première contient des documents et archives qui ont trait à cette époque, mais elle est destinée à devenir une institution spéciale « Archives nationales ». La galerie de tableaux est formée par les toiles et les bustes travaillés par les maîtres bulgares, peintres et sculpteurs, et ayant pour sujets des motifs de la vie nationale. Ces tableaux sont achetés dans les expositions ouvertes chaque année à Sofia. Cette galerie si modeste tend à devenir un musée des Beaux-Arts.

Etat actuel. — Le Musée archéologique national comprend quatre sections: section antique, section de moyen âge, numismatique, section artistique. Il est dirigé par un directeur; les sections sont dirigées par des conservateurs spéciaux.

Au Musée National fonctionne, sous la présidence du directeur, un comité permanent du musée composé du directeur, des conservateurs et de deux spécialistes nommés par le Ministre de l'Instruction publique. Ce comité a pour but de discuter toutes les questions et de rechercher les moyens pour atteindre le but du Musée, les fouilles à faire, d'examiner les pétitions des visiteurs, l'achat de collections privées, de faire au moins une fois par an une inspection générale détaillée, de prendre des mesures pour donner toutes les facultés et commodités aux personnes qui voudraient travailler au Musée.

Inventaire. — Dans l'inventaire doivent figurer pour les monnaies la qualité du métal, le poids en grammes, la grandeur en millimètres, la conservation, la forme (ville, province, Etat, envers, quittance, date d'entrée, et partie dans le journal). Pour les antiquités: description et proportions de l'objet, circonstances de la trouvaillle (où, quand, par qui et comment), quand a-t-il été acheté, date d'entrée, photographie de l'objet prise en cas où la description ne pourrait suffisamment le fixer. Pour les tableaux et sculptures: vue du tableau ou de la sculpture, l'auteur, description succincte, par qui a-t-il été acheté, prix d'achat, date, etc.

*
* *

III. LE MUSÉE ETHNOGRAPHIQUE.

Coup d'œil historique. — On n'a pas toujours attaché une grande importance à l'ethnographie, et ils sont nombreux encore ceux qui pensent que l'existence d'un musée ethnographique est sans aucune utilité. De nos jours cependant, la science ethnographique se développe rapidement et tend à prendre une place aussi importante que l'archéologie, car elle fournit des matériaux précieux sur la vie de la population rurale et sur les étapes parcourues par les diverses sciences et disciplines dans le domaine de la vie et de l'esprit populaires. S'agit-il de mécanique, les moulins, les métiers, les scies, vis, leviers et autres outils employés par les paysans montrent cette science à ses débuts. L'industrie rurale apparaît dans le mode plus que primitif pour préparer la chaux, le charbon, le savon, les chandelles, l'eau-de-vie, l'extraction des huiles etc.. L'architecture se montre à ses débuts dans la manière de construire les habitations rurales; la médecine, dans les croyances populaires sur l'utilité de certaines plantes; l'hygiène, dans les règles suivies; l'astronomie, dans la dénomination donnée par la population rurale aux astres et aux constellations, et dans les croyances au sujet de leur mouvement; la météréologie, dans les prévisions sur le temps, les vents, les brouillards, les pluies, la neige et autres phénomènes, sur lesquels les paysans ont toute une science à eux; l'histoire et la géographie, dans les traditions sur divers événements, lieux et personnages; l'art décoratif, dans les broderies, tricots et tissages; l'art, dans les peintures faites sur les pains bénis, les œufs de Pâques, les sculptures sur une foule d'objets ; la poésie, dans les chansons populaires ; la littérature primitive, dans les contes populaires et les fables; la musique, dans les mélodies anciennes ; la philosophie populaire dans les sentences et proverbes, etc..

Vaste domaine. — Comme on le voit, le domaine est assez vaste. Le peuple bulgare, après huit siècles d'existence politique sous la domination turque, a subi aussi la domination du clergé grec. Ce dernier joug de cinq siècles le força à vivre isolé de la civilisation étrangère, retiré dans la famille et n'ayant pour toute joie que celle du foyer domestique et ses traditions, ses croyances et même ses superstitions. C'est ce qui lui permit de conserver intacts ses us et coutumes, et c'est grâce à cet isolement qu'il a su garder jusqu'à nos jours sa vie matérielle, et même intellectuelle, dans toute sa pureté et son état primitif.

Création d'un Musée spécial. — Lorsque la Bulgarie fut délivrée de la domination turque, la civilisation européenne trouva un champ d'action libre, et une transformation générale commença à s'opérer; aussi l'on conçut immédiatement l'heureuse idée de réunir les matériaux ethnographiques. En 1906, sur l'initiative du Ministre de l'Instruction publique, M. le Dr. Iv. D. Chichmanoff on créa un musée spécial, et l'on jeta ainsi les fondements de cette institution qui ne tarda pas à se développer.

Le Musée ethnographique, dans son état actuel, n'a pas encore atteint son complet développement, mais les bases en sont jetées et le nouvel institut ne tardera pas à prendre la place importante qui lui revient.

Organisation actuelle. — Le Musée Ethnographique National a pour but de recueillir et de conserver les matériaux ethnographiques des contrées bulgares, de faire figurer par des modèles tous les objets et formes de la culture matérielle du peuple bulgare, de réunir et de garder tous les documents ayant un rapport quelconque avec l'histoire de la renaissance du peuple bulgare, de réunir et de faire copier à l'étranger tous les documents qui ont trait au peuple bulgare.

Division du Musée. — Le Musée ethnographique comprend deux sections : 1) la section *ethnographique* qui contient des matériaux sur l'ethnographie des pays bulgares, 2) la section *historique* qui contient des documents sur la renaissance du peuple bulgare, les livres et imprimés bulgares se rapportant à cette époque.

Comité permanent. — Dans le Musée ethnographique fonctionne, sous la présidence du directeur, un comité permanent du Musée, composé du directeur, des conservateurs, et de deux personnes compétentes nommées par le Ministre de l'Instruction publique. Ce comité a le même but et les mêmes attributions que celui institué au Musée archéologique.

Tout individu, sans distinction de profession, de sexe et de nationalité, a l'accès libre et gratuit des collections.

Nuls clichés photographiques et autres des monuments, nulles mensurations, nulle copie des documents ne sont tolérés sans l'autorisation du comité du Musée.

Sections du Musée. — Les objets du Musée ethnographique sont répartis en diverses sections et chacune renferme des spécimens de la culture nationale.

Ire Section : *Costumes du temps passé et ceux employés actuellement.* La plus grande partie des costumes d'hommes, de femmes et d'enfants provient du sud-ouest de la Bulgarie, quelques-uns sont assez variés par leurs couleurs voyantes et pittoresques.

IIe Section : *Parures.* Presque toutes les parures métalliques en verre, en argent et en bronze, pour hommes, femmes et enfants, sont réunies ici en grande quantité. Elles sont très précieuses pour suivre le développement de l'art ornemental bulgare, qui a trouvé une large application. La grande variété de motifs, le travail fin et artistique, distinguent ces agrafes, ces ceintures, ces bracelets et les parures de ce genre.

IIIe Section : *Broderies et Tricots.* Ici il y a des spécimens de toutes les contrées du pays. La grande variété des motifs, la richesse des couleurs et le travail délicat étonnent les visiteurs du Musée, et l'on a peine à croire que ces broderies si artistiquement faites sont exécutées par les paysannes bulgares. Ces matériaux sont en général précieux pour l'étude de la culture intellectuelle nationale.

IVe Section : *Intérieur d'une habitation rurale.* Tous les ustensiles et vases nécessaires à la vie du paysan sont réunis ici.

V[e] et VIe Section : *Couvertures. Outils pour les travaux à l'aiguille de la femme.* Ici sont réunis principalement tous les objets dans le domaine de l'industrie textile domestique, ainsi que tous les outils de diverses industries (métiers, etc.).

VIIe Section : *Outils de l'économie rurale.*

VIIIe Section : *Outils de l'industrie nationale.*

IXe Section : *Instruments de pêche et de chasse.*

Xe Section : *Religion*

XIe Section : *Croyances populaires, superstitions.*

XIIe Section : *Histoire et Géographie.*

XIIIe Section : *Musique populaire.* Tous les instruments de musique : flûtes, flageolets, sifflets, etc..

XIVe Section : *Scènes de la vie des enfants.*

XVe Section : *Scènes de la vie scolaire.*

XVIe Section : *Médecine populaire.*

XVIIe Section : *Aliments du peuple.*

***

IV. LA BIBLIOTHÈQUE NATIONALE DE SOFIA.

Historique. — La Bibliothèque Nationale de Sofia a été fondée en 1879, à l'époque de l'occupation russe. « La bibliothèque de SPIRIDON PALAOUZOFF († 1874) », écrit l'ancien ministre de l'Instruction publique, M. le Dr. K. IRITCHEK,(1) «qui contenait principalement des ouvrages sur la péninsule des Balkans et qui fut achetée par le gouvernement en 1879, et surtout les nombreux et précieux livres anciens réunis en Russie par l'ami infatigable des Bulgares, le vieux professeur PLATONOFF, de Harkovo, ont servi de base à cette institution culturale. Au début de 1881, la Bibliothèque comptait (outre les brochures) 3942 ouvrages divers en 8789 tomes. En 1882, grâce à une subvention de 15.000 francs, on a commencé à faire d'une façon plus systématique des achats importants pour la bibliothèque dans les grandes librairies de l'étranger. Le but principal était de réunir : 1) tous les objets qui se rapportent à la Bulgarie et la pénin-

(1) Dr I. IRITCHEK. *Rapport général à Son Altesse le Prince sur l'œuvre scolaire dans la Principauté de Bulgarie* (1882).

sule des Balkans, et 2) les ouvrages principaux dans le domaine de la science, ainsi que les ouvrages classiques de toutes les nations. Jusqu'à présent il a été acheté plus de deux mille tomes. Parmi les divers legs il faut citer en premier lieu la bibliothèque de feu LUBEN KARAVELOFF contenant 820 tomes, acquise par testament. Cependant la bibliothèque nationale n'a pas un grand nombre de visiteurs; en outre elle manque de local convenable: celui qu'on a n'étant qu'une simple baraque en bois. La grande mosquée est non seulement humide et malsaine, mais elle est aussi si étroite que presque tous les livres sont encore empaquetés. Aussi lorsque le local du nouveau gymnase de garçons sera achevé, il sera possible d'y aménager peut-être pour la bibliothèque, quelques pièces où il y aura plus de place et plus de lumière. Mais cela aussi n'est qu'une mesure provisoire, car dans l'avenir il faudra construire un local spécial affecté à la Bibliothèque».

Législation de 1879. — En 1897 l'Assemblée Nationale vota la loi imposant à tous les imprimeurs de Bulgarie l'obligation de déposer à la Bibliothèque nationale de Sofia et à celle de Philippopoli deux exemplaires de tous livres, imprimés, lithographies et autres.

C'est ainsi que les deux bibliothèques, bien que la loi fût appliquée mollement, parvinrent à s'enrichir rapidement et à contenir au moins les principales éditions faites dans le pays.

Organisation actuelle. — La Bibliothèque Nationale de Sofia comprend les sections suivantes : 1) manuscrits et archives, 2) livres et imprimés bulgares et balkaniques, 3) livres étrangers, 4) section orientale. La direction de la Bibliothèque Nationale est confiée à un directeur, assisté par les bibliothécaires, un pour chaque section.

Comité permanent. — Sous la présidence du directeur, il est institué à la Bibliothèque Nationale un comité permanent de la Bibliothèque, composé du directeur, des bibliothécaires et de deux personnes compétentes sur une spécialité non représentée dans la Bibliothèque ; ces personnes sont nommées par le Ministre de l'Instruction publique. Ce comité agit dans le même but et possède les mêmes attributions que le comité institué aux musées.

Accès à la Bibliothèque. — Tout individu, sans distinction de profession, de sexe et de nationalité, a l'accès gratuit et libre des collections. Dans ce but il a été aménagé dans la Bibliothèque des salles de travail et toutes les commodités nécessaires aux lecteurs. Le public peut prendre des livres à domicile contre un dépôt de 20 francs.

Salle de lecture. — La salle de lecture est ouverte de 8 h. à midi et de 2 h. à 8 h. du soir, excepté le samedi après midi, le dimanche et les jours de fête (l'après midi seulement). Personne n'a le droit de prendre plus de trois livres à domicile et pour plus d'un mois; les lexiques ne sont pas donnés à domicile. Si dans la maison de celui qui a emprunté des livres se déclare une maladie contagieuse, il doit en aviser la direction de la bibliothèque, pour que les livres soient désinfectés.

Achat de livres. — Les visiteurs ont le le droit d'exprimer par écrit dans un journal spécialement destiné à ce sujet leur désir pour l'achat de certains livres.

Les manuscrits de la Bibliothèque Nationale de Sofia. — Avec l'année 1909, voilà au juste trente ans que la Bibliothèque Nationale de Sofia, créée dès les premiers jours de la reconstitution du nouvel Etat bulgare, continue d'être le dépôt des livres bulgares et étrangers. Durant cette période, la Bibliothèque Nationale a recueilli autant que ses ressources le lui permettaient tous les livres anciens bulgares, slaves et même ceux appartenant aux autres littératures; tous ces manuscrits, classés et décrits, présenteront un grand intérêt scientifique.

Manuscrits bulgares et turcs. — Il existe à la Bibliothèque Nationale de Sofia deux collections de manuscrits, l'une appelée *bulgare*, où sont réunis les manuscrits bulgaro-slaves, les livres anciennement imprimés et un certain nombre d'exemplaires non slaves (grecs, latins, etc.), l'autre, la collection *turque*, ou pour mieux dire *orientale*, contient des documents en turc, en arabe et en persan; toutes les deux renferment des manuscrits précieux qui méritent d'être étudiés en détail comme sources importantes pour le passé bulgare. La première collection contient des données nombreuses pour l'histoire de la langue et de la littérature bulgares, et la seconde peut nous révéler et expliquer beaucoup de points obscurs de la vie politique et économique dans le passé, sous la domination turque, car elle contient des milliers de documents officiels des tribunaux turcs.

Catalogues. — M. B. Tzoneff décrit en détail la première collection de manuscrits dans l'ouvrage qu'il a publié sous le titre de « *Catalogue des manuscrits et livres anciennement imprimés de la Bibliothèque Nationale de Sofia* », tandis que la seconde collection n'a pas encore son catalogue; M. DIMITROFF, le jeune turcologue, travaille actuellement sur cette partie.

* *
*

V. LA BIBLIOTHEQUE NATIONALE DE PHILIPOPPOLI.

Historique. — Lorsque la Roumélie Orientale fut constituée, on jeta dans la province ottomane à demi délivrée les bases d'une bibliothèque nationale, sur l'initiative du directeur de l'Instruction publique de cette époque, M. I. GROUEFF. Le 1r mai 1882 fut signé et édicté par le gouverneur général, A. BOGOARIDI, au nom du gouvernement roumélioté, le *Règlement d'administration publique portant l'organisation et la direction de la Bibliothèque de la Province ainsi que du Musée.* Le célèbre publiciste russe et ami des Bulgares M. ALEXANDRE ALEXANDROVITCH BACHMAKOFF, plus tard directeur du grand journal russe

L'intérieur du Musée archéologique.

Le Journal de St. Pétersbourg, fut nommé directeur de la bibliothèque et du musée. Elle était alors des plus modestes et pas plus importante qu'une grande bibliothèque privée. Elle comptait de 2000 à 3000 livres, dont 1447 faisant partie de la bibliothèque dite VENELINE; il y avait 635 ouvrages en français, 539 en russe, 429 en anglais, 425 en Bulgare, 142 en croate, 249 en tchèque, 34 en grec, etc.

Le 6 septembre 1885 il fut mis fin aux institutions rouméliotes. Par ordre du commissaire de S. A. le Prince ALEXANDRE, Prince de la Bulgarie du Nord et de la Bulgarie du Sud, la Bibliothèque de Philippopoli cessa d'exister comme telle en date de 17 octobre 1885, et devint « Bibliothèque d'État ». Depuis lors elle fonctionne comme institution d'État dans le ressort du Ministère de l'Instruction publique.

Etat actuel. — La loi, les règlements et les dispositions en vigueur pour la Bibliothèque Nationale de Sofia sont les mêmes que pour celle de Philippopoli.

*
* *

VI. CABINETS DE LECTURE PUBLICS, BIBLIOTHÈQUES, SOCIÉTÉS DE BIENFAISANCE, SCIENTIFIQUES etc.

Historique. — Les cabinets de lecture au siècle passé étaient les seuls foyers où s'était concentrée la vie culturale du pays. Les uns avaient pour mission de répandre l'instruction, les autres déployaient une activité dans tous les ressorts du domaine public, patriotique et cultural, en s'occupant des écoles locales, de l'instruction des masses et des affaires de la communauté.

Après la délivrance. — Après la délivrance de la Bulgarie, la tâche des cabinets de lecture se borna principalement à déployer son activité dans le domaine de l'instruction et de la bienfaisance.

Quelques cabinets de lecture ont pris dans ces derniers temps les proportions de véritables institutions culturales ; ils possèdent un local qui leur appartient et des salons confortables pour réunions, représentations théâtrales, bibliothèque et salon de lecture ; ils possèdent aussi des capitaux dont les revenus

les mettent à même de se passer des secours de l'Etat. Ils se trouvent dans le ressort du Ministère de l'Instruction publique, qui approuve leurs statuts.

Cabinets et Sociétés approuvés. — Voici le nombre par département de tous les cabinets de lecture publics, sociétés de bienfaisance et autres, dont les statuts ont été approuvés par le Ministère de l'Instruction publique.

Département de Bourgas	55
» » Varna	45
» » Vidin	20
» » Vratza	25
» » Kiustendil	36
» » Philippopoli	106
» » Plevna	89
» » Roustchouk	73
» » Sofia	104
» » Stara-Zagora	92
» » Tirnovo	150
» » Choumla	56

Soit sur les 12 départements un total de 851 cabinets de lecture et sociétés, ce qui donne en moyenne 71 par département.

***

VII. LE THÉATRE NATIONAL.

Historique. — Pour des raisons politiques exceptionnelles, le théâtre ne prit naissance en Bulgarie que vers le milieu du siècle dernier et dans la forme la plus primitive. Des sociétés amies de l'instruction donnaient au public des représentations théâtrales dans le but d'instruire le peuple, ou d'obtenir des secours pécuniaires pour les cabinets de lecture et les écoles. Des commissions spéciales, choisies parmi les membres de ces sociétés, se chargeaient de la préparation et de la mise en scène de la pièce. La représentation avait lieu le plus souvent à l'école, ou dans un hôtel, ou bien dans la maison d'un particulier. En 1856, lorsque la deuxième représentation théâtrale fut donnée en Bulgarie, elle eut lieu dans un café à Choumla; un coin de la salle, séparé par un rideau, servait d'enceinte. Les auteurs étaient ordinairement des élèves; plus tard des jeunes gens, membres des cabinets de lecture, prirent aussi des rôles; pas une femme ne jouait dans les pièces; aussi il arrivait souvent qu'un jeune homme moustachu avait à remplir le rôle d'une jeune fille ou d'une femme. Les pièces étaient composées dans le goût du public; c'étaient des dialogues avec des plaisanteries lourdes et salées, ayant pour sujets des scènes locales ou d'actualité; elles étaient composées par le dramaturge de l'époque, D. VOYNIKOFF, ou par des maîtres d'école. Le public était bigarré, peu exigeant, peu instruit, mais vivement intéressé par le jeu de la pièce.

Impression d'un Contemporain. — Voici ce qu'un comtemporain écrit à ce sujet: « La représentation (à Choumla, en 1856) commença vers six heures du soir; on payait un franc à l'entrée. Le rideau était un morceau de percale. Assistaient à la pièce des bulgares, des grecs, des israélites, ainsi que le gouverneur. Il y avait aussi des femmes et des enfants. Le public était tellement ému par les souffrances et les paroles de Geneviève dans la caverne, qu'on se mit à pleurer bruyamment ».

Première Troupe theâtrale régulière. — DOBRI VOYNIKOFF forma à Braila une troupe de théâtre dirigée par lui, et pour laquelle il composait lui-même les pièces. Il eut l'honneur de voir assister à la représentation qu'il donna à Bucarest en 1866 le souverain roumain et toute sa famille. A l'exemple de Voynikoff, il se forma en Bulgarie une troupe professionnelle, mais elle était exposée à toutes les vexations de la part des autorités turques: il lui était défendu de donner des représentations théâtrales pendant la nuit, de crainte d'incendie; le sujet de la pièce ne devait pas être pris dans l'histoire du peuple bulgare; les chants nationaux en étaient bannis.

Expansion. — Cependant, après 1870 le théâtre prit plus d'expansion en Bulgarie, grâce à l'amélioration de l'état économique du pays, grâce encore aux nombreuses sociétés scientifiques et cercles littéraires qui donnèrent un caractère public aux représentations théâtrales, grâce aussi au répertoire de plus en plus varié et riche; le gout du théâtre était bientôt répandu même dans les coins les plus reculés du pays.

Première troupe dramatique professionnelle. — Les insurrections et la guerre turco-russe mirent fin au théâtre qui venait à peine de naître. En 1883 il se forma à Philippopoli la première troupe dramatique professionnelle, mais elle n'eut pas la vie longue; le pays traversait une crise à cause de la réunion de la

Bulgarie du Nord et de la Bulgarie du Sud et de la guerre serbo-bulgare : les acteurs plantèrent là leurs rôles, prirent le fusil et s'en allèrent défendre la frontière.

Nouvelle Organisations. — Après la guerre de 1885, ce furent encore des amateurs de l'art dramatique, ainsi que quelques acteurs et actrices, qui formèrent une nouvelle troupe, toujours à Philippopoli. Deux années plus tard, elle vint à Sofia et donna quelques représentations, fréquentées avec beaucoup d'intérêt par le public de Sofia ; sur l'insistance de quelques personnes de la classe éclairée, la troupe se fixa dans la capitale et reçut de l'Etat une subvention de 3000 fr. ; elle donnait alors ses représentations dans une grande baraque en bois à l'emplacement même où s'élève aujourd'hui le magnifique Théâtre National bulgare.

Ère nouvelle pour le theâtre. — Depuis lors commença une ère nouvelle pour le théâtre en Bulgarie : la troupe s'améliora constamment, de nouveaux acteurs furent engagés, le public montra toujours plus d'intérêt pour les représentations théâtrales, des pièces nouvelles furent composées par des écrivains bulgares (Vazoff), d'autres furent traduites des littératures étrangères; bref, l'art dramatique bulgare trouva enfin sa voie.

Nouvelles difficultés. — Mais cette prospérité ne fut pas de longue durée; de nouvelles difficultés surgirent, surtout au point de vue matériel; les subsides etaient insuffisants et la troupe cessa d'exister en 1892; elle se reconstitua et devint « *La Troupe dramatique bulgare*: *Larmes et Rires.* » La Slavianska Besseda servait comme local, et dans son répertoire figuraient: *Emilie Galiotti*, *Le Cid*, *Le Reviseur*, *Le Maître des Forges*, *Fédora*, etc..

Intervention du Ministère. — Le moment était arrivé où le gouvernement devait s'occuper des affaires du théâtre, de son répertoire, du personnel et enfin de l'organisation durable de cet institut. En 1904, le Ministère de l'Instruction publique institua un comité d'administration chargé de l'organisation et du progrès de l'œuvre théâtrale en Bulgarie; il nomma un intendant, fit venir de l'étranger un régisseur, accorda des subsides toujours plus élevés (en 1904 elles s'élevèrent déjà à 10.000 francs) reconnut enfin le théâtre comme institution d'État et lui accorda le nom de « *Théâtre National* » (1906).

Construction de l'Édifice. — La nécessité

de construire un édifice moderne pour le théâtre de la capitale se faisait sentir depuis longtemps, mais les ressources faisaient défaut. En 1904 fut instituée par une compagnie étrangère la loterie par classes de la ville de Sofia, et l'Assemblée Nationale l'exempta de payer l'impôt du timbre, à condition qu'elle verserait chaque année 100.000 francs à la commune de Sofia, somme destinée à la construction d'un théâtre, ainsi qu'à d'autres buts d'utilité générale. C'est ainsi qu'au début de 1904 furent jetés les fondements du théâtre, dont le bâtiment a coûté 1.500.000 fr.; le 3 janvier 1907 eut lieu l'inauguration solennelle du «Théâtre National», un des plus beaux édifices de la capitale bulgare.

Etat actuel. — Le Théâtre National de Sofia est une institution d'Etat dans le ressort du Ministère de l'Instruction publique, qui en a aussi le contrôle supérieur.

Le théâtre se trouve sous les ordres immédiats d'un directeur; celui-ci doit avoir fait preuve d'aptitudes spéciales par ses travaux, et s'être consacré spécialement au théâtre.

Direction du Théâtre. — Le directeur est assisté :

1) d'un régisseur en chef, qui lui même est assisté d'un régisseur-artiste, choisi parmi les acteurs et les actrices;

2) d'un dramaturge, qui assiste le directeur dans les travaux d'ordre artistique, examine les pièces déposées au théâtre pour être représentées, et prête son concours aux acteurs et aux actrices pour se mieux pénétrer de l'esprit de la pièce et de la compréhension des rôles;

3) d'un secrétaire-caissier, qui est chargé de tout ce qui touche l'administration pécunière (dépenses et recettes). Le secrétaire-caissier doit présenter un cautionnement de 20.000 francs; il est assisté d'un adjoint qui doit verser un cautionnement de 5000 francs;

4) d'un médecin, attaché au théâtre;

5) d'un bibliothécaire, qui est chargé des livres (imprimés ou manuscrits) et des copies des rôles; il s'occupe des affiches et programmes, des réclames dans la presse, dresse la liste des représentations, fait connaître l'ordre à suivre dans les répétitions, etc.;

6) d'un économe, qui effectue les achats de tous les objets nécessaires au théâtre;

7) d'un surveillant-général, qui s'occupe de la propreté de l'édifice.

Le comité artistique. — Le comité artistique se compose des membres suivants : le directeur, qui en est le président ; le dramaturge, qui assume les fonctions de secrétaire, et le régisseur.

Le comité artistique, sur le rapport de la personne chargée de la lecture, approuve ou refuse les pièces ; il compose le répertoire, distribue les rôles, fixe tout ce qui est nécessaire pour la mise en scène des pièces, agit en qualité de commission dans l'examen des candidats aspirant à devenir acteurs ou actrices, et résout toutes les questions ayant rapport au but artistique poursuivi par le Théâtre National.

Le conseil artistique fixe les honoraires à payer pour les pièces nouvelles ou traduites d'autres langues.

Les auteurs de pièces bulgares peuvent toucher (d'après l'ancien règlement) :

a) des honoraires s'élevant au maximum à 150 francs par feuille d'impression (16 pages), mais la somme totale ne peut pas dépasser 1000 francs ;

b) 15 % sur le revenu brut des trois premières représentations, et 5 % sur les autres pour une période de 5 ans, si la pièce remplit à elle seule toute la soirée.

Les traducteurs de pièces des littératures étrangères touchent 40 francs par feuille d'impression si la pièce est en prose, 70 francs si elle est en vers; mais toute la somme ne peut pas dépasser 250 fr. (400 fr. pour les pièces en vers).

Les Artistes. — Pour devenir acteur ou actrice au Théâtre National, on doit s'être exercé dans l'art dramatique dans une école spéciale ou autrement, et en faire preuve par un examen devant la commission artistique. Les acteurs et actrices touchent de 1800 à 4800 francs par an; ils sont tenus de se trouver au théâtre pendant tout le temps fixé pour les occupations et d'être habillés et prêts à entrer en scène quinze minutes avant la représentation.

Les acteurs et les actrices du Théâtre National ont droit à une pension de retraite d'après la loi spéciale à ce sujet, et calculée sur le traitement et les bénéfices qu'ils ont touchés à partir de 1888. Aussi à deux mois de congé par an: juin et juillet; pendant la saison théâtrale il n'est pas accordé de congé, sauf pour maladie ou pour des circonstances exceptionnelles.

La révocation des acteurs et des actrices

du théâtre a lieu pour avoir quitté le théâtre arbitrairement, pour négligence des devoirs malgré les remontrances et les rappels, ainsi que pour incapacité à remplir ses rôles.

Personnel administratif. — Le personnel administratif comprend les principaux fonctionnaires suivants: le secrétaire-caissier, le médecin, le bibliothécaire, l'économe et le surveillant préposé à la propreté. Toute personne expérimentée et d'une probité éprouvée peut être nommée à cet emploi. L'économe effectue les achats de tous les objets nécessaires au théâtre.

Le surveillant s'occupe des soins de la propreté de l'édifice. Tous les gens de service, chargés d'une partie de cette tâche, sont placés sous ses ordres.

Personnel technique. — Le personnel technique comprend comme fonctionnaires principaux: le décorateur, le chef-machiniste du théâtre, l'électrotechnicien, le requisitionnaire, le chef des vestiaires, le tapissier, la couturière en chef et le friseur. Le personnel technique est nommé sur la proposition du directeur par le Ministre de l'Instruction publique selon les aptitudes nécessaires à chacun de ces emplois.

Commission de contrôle. — Une commission spéciale exerce le contrôle sur les recettes perçues et les dépenses effectuées, ainsi que sur les adjudications limitées (de gré à gré); ces adjudications sont autorisées seulement lorsqu'il s'agit de fournir au théâtre des objets et matériaux qui sont la spécialité de certaines fabriques étrangères ; le contrôle lors de la réception de ces matières est confié également à la commission de contrôle. Elle se compose du Chef de la Comptabilité publique au Ministère des Finances, du Comptable attaché au Ministère de l'Instruction publique et du Chef de Section de ce même Ministère dans le ressort duquel se trouve le théâtre. Les membres de la commission de contrôle, qui travaillent en dehors du temps de leur service, reçoivent une rémunération de cinq francs par séance. Le secrétaire-comptable du Théâtre National assiste d'office aux séances.

Représentations théâtrales. — La répartition des rôles entre les acteurs et les figurants se fait par le directeur artistique. Aucun des membres n'a le droit de refuser le rôle qui lui est donné.

Il est interdit de se présenter aux répétitions le rôle à la main, sauf avec autorisation.

Pendant le temps de la représentation et des répétitions, personne n'a le droit de rester dans les coulisses, sauf les acteurs qui ont un rôle et attendent pour donner la réplique et entrer en scène; personne ne peut amener des étrangers aux répétions, pas même des parents. Il est stipulé en outre que pendant la durée de la réprésentation, les dames ne peuvent pas porter de chapeau.

Par autorisation du Ministère, le Théâtre National peut être cédé pour y donner des concerts symphoniques et des représentations d'opéras. L'autorisation doit être demandée deux semaines et obtenue dix jours avant la date de la représentation. Pendant cet intervalle, le directeur du Théâtre National donnera son avis.

Avec l'agrément et l'approbation du Ministère, le directeur peut inviter une troupe de théâtre ou certains acteurs ou actrices étrangers, pour jouer avec ou sans le concours des artistes du théâtre dans une ou plusieurs réprésentations seulement. La rémunération due à ces troupes ou à ces acteurs et actrices sera payée après chaque représentation.

*
* *

VII. INSTITUTIONS PHILANTHROPIQUES.

Aveugles et sourds-muets. — Le Ministère de l'Instruction publique entretient des institutions pour donner aux enfants aveugles et sourds-muets l'éducation et l'instruction que comporte leur infirmité.

Chaque institution comprend une école et un pensionnat. Dans l'institution pour jeunes aveugles, il y a aussi des ateliers.

Dans ces écoles sont enseignées les mêmes matières que dans les écoles primaires, mais dans l'institution pour jeunes aveugles, il est consacré plus de temps à la musique et aux travaux manuels; par contre dans l'institution pour sourds-muets, il est accordé plus de temps au dessin, au modelage et au travail manuel. La durée des cours de ces écoles est de huit ans.

L'effectif maximum des élèves par classe est de dix pour les sourds-muets, de quinze pour les aveugles.

Chaque institution est dirigée par un directeur muni d'une instruction spéciale et comptant au moins cinq années d'exercice dans une institution similaire. Il est tenu de résider dans l'institution même.

Dans la 1e classe de ces institutions sont admis des enfants âgés de 7 à 14 ans au maximum.

La taxe à payer pour recevoir la nourriture et le logement dans le pensionnat est de 120 à 480 frs par an. Les élèves externes sont exemptés de toute taxe, ainsi que les élèves absolument pauvres, mais après autorisation du Ministère.

Le montant de la taxe est versé à la Banque Nationale de Bulgarie pour constituer un fonds qui, capitalisé, doit permettre à ces institutions de subvenir à leurs besoins avec les bénéfices donnés par les intérêts.

Orphelinats — L'orphelinat de Philippopoli et celui de Sofia ont pour but: 1) d'élever les enfants des deux sexes, orphelins de père et mère et n'ayant point d'autres parents ; 2) de leur donner l'instruction primaire et de les préparer par des connaissances pratiques à un métier qui les mettra à même de gagner leur entretien.

Institution pour Sourds-muets. — L'institution pour sourds-muets a été fondée en 1898 par M. Ferd. Urbich et à ses propres frais. Maintenant elle appartient à l'État. Le corps enseignant est composé de huit professeurs et le nombre des élèves est de 37, soit 26 garçons et 11 filles.

Institution pour aveugles. — L'institution pour jeunes aveugles date du 11 décembre 1906. Elle a été créée et est encore dirigée par le Dr. St. Doneff, qui avait été chargé par le Ministère de l'Instruction publique d'étudier les établissements similaires en Autriche, en Allemagne et en Russie. L'établissement se compose de 7 professeurs et de 29 élèves, tous garçons.

V. Administration Centrale.

ORGANISATION. — L'organisation, la direction générale et la surveillance suprême sur tous les établissements d'instruction et d'éducation, ainsi que sur toutes les œuvres destinées à contribuer au développement intellectuel et moral du peuple, sont confiées au Ministère de l'Instruction publique.

En Bulgarie, les ministres n'ont pas de secrétaire particulier; les fonctions de secrétaire général sont supprimées. Les chefs de section sont les conseillers du Ministre, et ce sont eux qui font exécuter toutes les dispositions prises par lui. Tous les actes officiels sont signés par le Ministre et par le chef de section respectif.

Inspection. — Les inspecteurs généraux sont sous les ordres immédiats du Ministre; leur tâche consiste à inspecter les écoles et les organismes scolaires. Jusqu'en 1909 les inspections n'étaient pas bien définies quant au mode de les faire, mais les articles 189 et 190 de la Loi scolaire de 1909 portent :

Art. 189. Après chaque revision, les inspecteurs généraux consignent par écrit leurs notes de revision, et en donnent connaissance au professeur en présence du directeur de l'école ou de l'inspecteur général du département. Ces notes, ainsi que les explications du professeur, sont envoyées par l'inspecteur général au Ministère de l'Instruction publique.

Art. 190. Chaque inspecteur général peut demander pour un professeur l'arrêt de son avancement pour un an, son déplacement ou sa révocation pour cause d'inaptitudes pédagogiques, pour préparation insuffisante et incapacité, mais seulement après avoir assisté deux fois à la classe du dit professeur dans un intervalle de trois mois et plus, et cela absolument en présence du directeur (dans les gymnases) ou de l'inspecteur départemental (dans les progymnases). Après chaque inspection de ce genre, il est dressé un procès-verbal où sont consignées les insuffisances au point de vue scientifique et méthodique, constatées dans l'enseignement du professeur,

Ces procès-verbaux sont signés par l'inspecteur de département; copie en est donnée à temps au professeur, après quoi ils sont envoyés, avec les explications par écrit de ce dernier, au Ministère pour y être examinés; le conseil composé de tous les chefs de section et des inspecteurs généraux aura définitivement à statuer.

Les dispositions de cet article ont force également pour les instituteurs, mais les procès-verbaux des inspections faites sont signés par l'inspecteur de département et l'inspecteur d'arrondissement

Subventions. — Dans les pays peu avancés au point de vue économique, l'initiative privée, pour réussir, doit être encouragée par l'Etat. Cette vérité est encore plus évidente en Bulgarie, où, après les premières années de la délivrance et même aujourd'hui encore, l'État a encouragé de ses ressources toute initiative ayant pour but le développement économique, intellectuel et moral de la nation.

Le Ministère de l'Instruction publique n'est pas resté étranger à ce principe, et il a prévu jusqu'ici dans son budget des sommes considérables pour être accordées comme subsides à des œuvres d'un caractère varié; ces sommes augmentent chaque année autant que les ressources du budget le permettent.

Les paragraphes suivants fourniront quelques données sur les diverses subventions accordées par le Ministère de l'Instruction publique; elles s'élèvent à la somme totale de 347.000 fr. pour l'année 1909.

Secours aux élèves et aux étudiants non boursiers. — Au début, pour préparer un cadre de personnes plus éclairées et munies d'une instruction secondaire et supérieure dont avait besoin le pays appelé de nouveau à la vie politique, le Ministère de l'Instruction publique a prévu chaque année dans son budget des bourses pour les jeunes gens bulgares, afin de leur permettre de faire leurs études dans les établissements d'enseignement secondaire du pays ou les écoles supérieures de l'étranger. Déjà dans le budget de 1878, une somme de 60.000 fr. était prévue à cet effet, et par Arrêté du Commissaire impérial russe en date du 2 Juin 1879, on donna des bourses de 1200 fr. à ceux qui auraient à suivre les études des écoles supérieures et 900 fr. aux boursiers dans les écoles secondaires.

Pendant de longues années, le Ministère inscrivit dans son budget des crédits considérables destinés à accorder des bourses : ils atteignirent en 1895 la somme de 600.000 fr. ; mais ils diminuèrent successivement jusqu'à disparaître complètement : il ne reste plus que 3 à 4 bourses, ou plutôt des secours accordés à des étudiants et élèves non boursiers.

Beaucoup de jeunes gens partent pour l'étranger ou entrent à l'Université de Sofia pour y faire leurs études, munis de ressources plus que modestes. C'est pour de pareils jeunes gens que le Ministère prévoit des secours pécuniaires qui sont accordés par arrêté et varient entre 75 à 400 fr., donnés en une seule fois. Souvent des secours pareils sont accordés à des élèves des écoles secondaires, sur la recommandation du directeur.

Pendant l'année 1909 une somme de 12.000 fr. a été accordée par le Ministère en secours de ce genre, soit 8500 francs pour des étudiants à l'étranger, 3300 fr. pour ceux de l'Université de Sofia, et 200 fr. pour ceux des écoles secondaires.

Secours au corps enseignant en cas de maladie ou de décès. — Les membres du corps enseignant ne peuvent pas faire de grandes économies sur leur traitement, et même le plus grand nombre d'entre eux peuvent à peine suffire à leurs besoins et à ceux de leur famille. Vu cette situation matérielle des professeurs, le Ministère leur accorde, dans les cas graves de maladie, des secours sur les ressources de l'Etat; en cas de décès il leur rend un dernier hommage en se chargeant des frais d'enterrement.

Dans le budget de 1909 un crédit de 6000 fr. a été prévu à cet effet; il a été dépensé comme suit:

a) pour guérison de 15 professeurs	1655	fr.
„ „ „ 10 régentes	690	„
b) frais d'enterrement pour 3 directeurs	600	„
„ „ „ 12 professeurs	1260	„
„ „ „ 5 régentes	400	„
c) secours à deux familles de professeurs	250	„
Total	4855	„

Secours aux communes pauvres pour la construction et la réparation des écoles. — Dans beaucoup de communes urbaines et rurales il n'y a pas de locaux scolaires confortables, et, pour leur procurer des bâtiments convenables, l'État déploie les soins les plus assidus. Sous sa garantie, des emprunts ont été contractés pour la construction de bâtiments scolaires; le Ministère prévoit chaque année dans son budget des crédits qui sont accordés aux communes les plus pauvres.

Pendant l'année 1909 un somme de 15.000 fr. a été prévue dans ce but, soit 2300 fr. pour intérêts et amortisation des emprunts contractés par deux communes pauvres (Kotel et Karaatche) sous la garantie du Ministère; le reste du crédit est accordé à diverses communes dans des proportions allant de 200 à 1000 fr.

Secours pour venir en aidc aux écoles musulmanes. — Dans beaucoup de villes et de villages, les musulmans qui sont restés en Bulgarie après la délivrance, possèdent des mosquées et des écoles où les jeunes mahométans reçoivent l'instruction dans leur langue maternelle, le turc. C'est le Ministère des Affaires Etrangères qui a la charge des mosquées, des desservants et de leur entretien. Puisque les musulmans de Bulgarie n'ont pas de ressources suffisantes pour l'entretien de leurs écoles, le Ministère de l'Instruction publique, voulant que les musulmans bulgares possèdent l'instruction nécessaire, prévoit à cet effet des secours pécuniaires dans son budget.

Ces subsides varient entre 60.000 francs et 100.000 francs.

Secours à la Société Littéraire Bulgare à Sofia. — La Société Littéraire Bulgare a été fondée en 1869 à Braila, en Roumanie, par des protecteurs et des amis de la science, de la littérature et de l'art bulgares. Après la délivrance du pays, le siège de la société fut transféré dans la capitale de la Bulgarie; actuellement la société est placée sous la protection de Sa Majesté le Roi des Bulgares

Le but de la société est d'étudier les pays bulgares, la formation de la langue bulgare, de développer la littérature bulgare, de répandre les sciences et les arts. Pour atteindre ce but, la société entreprend des recherches dans le domaine des sciences et des arts et publie ou fait publier des ouvrages littéraires et artistiques. Elle édite : *La Revue Périodique*, *Les Annales*, *Le Recueil* et *La Bibliothèque Bulgare*.

Dans le budget est prévu une subvention de 14.000 fr. pour cette société.

Secours aux Orphelinats. — Pour venir en aide à l'orphelinat de Philippopoli et à celui de Sofia, le Ministère prévoit chaque année dans son budget une somme de

22.000 francs, dont 18.000 fr. pour celui de Philippopoli et 4.000 pour celui de Sofia.

Le Ministère accorde aussi une subvention à l'orphelinat St-Patrice à Sofia, fondé et entretenu exclusivement pour des macédoniens par le noble irlandais M. O. Mahoni. En 1909 cet orphelinat a reçu une subvention de 2000 fr.

Secours aux cabinets de lecture publics. — Le Ministère, outre les dépenses faites pour l'entretien de deux bibliothèques nationales à Sofia et à Philippopoli, prévoit chaque année dans son budget, des subventions pour les cabinets de lecture. Il y en a 3000 d'inscrits dans ce but au budget de 1909.

Subvention à l'Ecole de musique de Sofia. — Sur l'initiative de quelques amateurs de musique et après de longs efforts, il se fonda à Sofia il y a trois ans une école privée de musique (voir p. 128) ayant pour but de donner aux amateurs une instruction théorique et pratique en musique.

L'école de musique nouvellement fondée s'adressa dès la première année de son existence à l'Etat, ou plutôt au Ministère de l'Instruction publique. Une subvention de 6000 francs lui a été allouée sur le budget de 1909.

Subvention au Séminaire bulgare de l'université de Leipzig. — Le 8 novembre 1905, le professeur de philologie romane à l'Université de Leipzig, M. le Dr. GUSTAVE WEIGAND, adressa une pétition au Ministère de l'Instruction publique, et, en faisant savoir qu'il existe à l'Université un Institut pour recherches historiques sur la langue romane, exprima l'avis d'y faire des recherches sur les autres langues de la péninsule des Balkans dans des proportions plus étendues. Le professeur WEIGAND ajoutait que parmi ces langues, la première place revenait à la langue bulgare, et il demandait d'ajouter une section à l'Institut, ce qui pouvait avoir lieu seulement avec le secours du gouvernement bulgare.

Le Ministère accepta avec empressement l'idée du professeur et lui accorda sur le budget de 1906 une subvention de 5000 francs, somme demandée par lui. Depuis lors, le Ministère accorde chaque année une somme de 5000 francs à ce séminaire.

Subvention à la troupe théâtrale de Philippopoli. — Outre la somme accordée au Théâtre National, le Ministère de l'Instruction publique prévoit chaque année dans son budget une subvention pour la troupe théâtrale de Philippopoli. Cette subvention s'élève pour l'année 1909 à la somme de 4000 francs.

Subvention aux colonies d'été pour enfants. — Le Ministère de l'Instruction publique ne se contente pas de faire la propagande de l'idée des colonies d'enfants, mais il prévoit chaque année dans son budget un crédit spécial à ce sujet. Une somme de 3000 frs. a été inscrite au budget de 1909 pour les colonies d'enfants; sur ce crédit 1500 fr. sont accordés à la société « *Zdravetz* ».

Subvention à la Société Archéologique Bulgare. — La Société Archéologique Bulgare, fondée à Sofia, a pour but de faire des recherches et des études sur les monuments archéologiques du pays. Pour atteindre son but, la société entreprend des fouilles et des expéditions scientifiques, recherche les antiquités, organise des conférences, etc.

Dans le budget de 1909 une subvention de 2000 fr. a été accordée à cette société.

Subvention spéciale pour suivre à l'étranger les cours de musique vocale et instrumentale. — Afin de préparer un personnel pour l'Opéra National qui sera créé dans le pays; le Ministère de l'Instruction publique a prévu pour la première fois dans son budget de 1909 une somme de 15.000 fr. destinée à envoyer à l'étranger (Milan, Paris, Prague et Vienne) six personnes dans les conservatoires de musique. Cette subvention est accordée par décision du Conseil des Ministres, le maximum allant jusqu'à 2400 fr. par an.

Réfectoires gratuits pour enfants. — Dans le budget de 1909 une somme de 5000 fr., dont 2000 fr. pour l'orphelinat St-Patrice, a été prévue pour les réfectoires gratuits pour enfants. Cette somme se répartit comme suit:

A la société des réfectoires gratuits de Kiustendil 150 fr., de Stanimaka 150 fr., de Kalofer 150 fr., de Koprivtchitza 150 fr., de Doupniza 150 fr., de Sofia 250 fr.; à la Société de Dames à Pechtera 150 fr., à Razgrad 150 fr., à Plevna 150 fr.; au directeur de l'école pédagogique de Choumla 150 fr., à Haskovo 150 fr., à Philippopoli 150 fr., à Vratza 150 fr., à Roustchouk 150 fr., à Vidin 150 fr., à Gabrovo 150 fr., à Bourgas 150 fr., à Toutrakan 150 fr., à Lom 150 fr.

Bourses. — Origine. — Déjà durant la période de la domination ottomane, les patriotes bulgares, qui prévoyaient tôt ou tard la délivrance de leur pays, se préoccupaient de préparer des hommes instruits, non seulement dans le domaine de l'instruction, mais dans tous les ressorts de l'Etat et de la vie économique, culturale et politique du pays. Voici ce que le Dr. IVAN SELEMINSKI écrivit à V. APRILOFF en 1841 ; « Il faut profiter des fautes de nos aïeux, il faut préparer à temps des hommes pour un avenir prochain, parce que les événements n'attendent pas et que de pareils jeunes gens ne peuvent pas se préparer en peu de temps. Ce serait comme une ville qui commencerait à envoyer des jeunes gens à l'étranger pour étudier la médecine seulement après que l'épidemie s'y serait déclarée, et qui attendrait leur retour pour la délivrer du mal.

« Il est donc nécessaire par conséquent que quelques jeunes gens bien préparés soient envoyés dans diverses universités de l'Europe, pour y étudier les sciences politiques; car pour réorganiser un Etat autonome, il faut des hommes instruits, francs, animés d'un ardent patriotisme embrassant le passé, le présent et l'avenir ».

Les Bourses après la délivrance. — Après la délivrance, la tâche de préparer un cadre d'hommes instruits et bien aptes à toutes les branches de la vie nationale échut principalement au Ministère de l'Instruction publique. Avec les ressources du budget ou avec les revenus des fonds légués par différents donateurs, le Ministère de l'Instruction publique a accordé chaque année, par voie de concours, des dizaines de bourses aux jeunes gens qui s'étaient distingués dans les écoles du pays, pour leur permettre d'aller à l'étranger, soit pour y faire des études supérieures, soit pour compléter ou élargir leurs connaissances. Il y avait ainsi double profit, d'abord parce que des centaines de jeunes gens étaient munis d'une instruction supérieure spéciale, et puis, parce que le séjour à l'étranger pendant trois à quatre années permettait à tous d'étudier de près les institutions, la vie, les mœurs et la civilisation de ces pays. La Bulgarie choisit ainsi la voie la plus rationnelle et la plus pratique: au lieu d'attendre l'arrivée de divers instructeurs et missions qui viendraient l'instruire, la réorganiser, la civiliser et s'installer chez elle en maîtres, elle a envoyé chaque année à l'étranger des dizaines de jeunes gens intelligents dans tous les pays civilisés, et, à leur retour, ils ont implanté en Bulgarie tout ce qu'ils avaient jugé de plus parfait à l'étranger et pouvant s'adopter aux conditions spéciales de leur patrie. Et, en effet, il suffit d'examiner de près les institutions, les procédés de l'administration, l'organisation de tout ce qui constitue en Bulgarie la vie économique, sociale et culturale, pour se convaincre des nombreux emprunts, souvent fort heureux, faits à l'étranger. C'est ainsi que la Bulgarie a été largement payée des sacrifices pécuniaires qu'elle a faits pour ses jeunes gens, qui sont devenus des éléments des plus actifs et souvent des plus distingués de la nation, car parmi ces boursiers il y en a qui sont devenus ministres, députés, professeurs érudits, avocats distingués, ingénieurs capables, célébrités médicales, fonctionnaires supérieurs, en un mot une grande partie de tout ce qui constitue la classe éclairée de la nation.

Fonds en faveur de l'instruction. — Les fonds légués en faveur de l'instruction sont de deux catégories: *a*) fonds administrés par le Ministère de l'Instruction publique, *b*) fonds administrés par diverses écoles.

Les donateurs les plus généreux de la première catégorie sont: Evlogui Gueorguieff (1819-1897), né à Karlovo, dont le legs s'élève aujourd'hui à 14.340.773 fr. destinés à la construction d'un local pour l'université; Pierre N. Kermektchieff (1826-1881), né à

Tirnovo, dont le legs s'élève à 500.000 fr. destinés à accorder des bourses à l'étranger; Archimandrite Raykovitch, dont les fonds légués s'élèvent à 67.900 fr.; Athanase Beron (1850-1905), né à Kotel, et dont le fonds atteint la somme de 249.900 fr. destinés à accorder des bourses à l'étranger à des jeunes gens nés à Kotel; Nantcho Popovitch (1813-1883), né à Choumla, et dont le legs s'élève à 289.200 fr. destinés à l'entretien de l'école pédagogique de filles à Choumla; A. G. Avramoff, né a Sistov (1869), à laissé 42.000 francs; G. Ivanovitch Zanko Kaltchik, né à Komrat (Bessarabie), a fait don d'une somme de 30.000 fr., etc.

La somme totale des fonds administrés par le Ministère de l'Instruction publique s'élève à 13,521.858 fr., elle vient en deuxième lieu parmi les fonds qui sont sous le contrôle de l'État (1).

(1) Les fonds sous le contrôle de l'État sont: 1) fonds de pensions de retraite, soit pour les fonctionnaires civils 18.438.632 fr., pour les militaires 2.544.616 fr., pour le clergé 844.849 fr.. pour les ouvriers invalides du Ministère du Commerce et de l'Industrie 67.552 fr. etc., en tout 21.808 381 fr.; 2) pour entretien et création d'écoles 14.122 160 fr.; 3) pour secours à des élèves 1.572.655 fr.; 4) pour églises 427.948 fr.; 5) pour hopitaux 827.305 fr.; 6) pour monuments commémoratifs 159.855 fr, soit en tout au 1r janvier 1909: 39.468.723 francs.

Budget. — En 1879 le budget du Ministère de l'Instruction publique s'élevait à 328.849 fr., c'est-à-dire à une somme ne dépassant pas celle que l'on dépense aujourd'hui pour deux gymnases. Le budget du Royaume pour l'année 1909 s'élève à 153.142 088 fr,; sur cette somme, les crédits prévus pour le Ministère de l'Instruction publique s'élèvent à 17.928.482 fr.; ce crédit est inférieur à celui prévu pour le Ministère de la Gueire (38.910.343 fr.) et pour le Ministère des Travaux Publics (23.295.008 fr.); il est supérieur à ceux prévus pour les les autres Ministères.

Pour l'année 1910 sont prévus 21.670.182 fr. sur un budget total de 172.079.096 fr.

Le budget du Ministère de l'Instruction publique comprend les chapitres et les crédits suivants: I. Administration centrale: 192.880 fr.; II. Université: 514.612 fr.; III. École des Arts appliqués: 103.410 fr.; IV. Établissements d'enseignement secondaire complet et incomplet, ainsi que les écoles pédagogiques: 3651.430 fr.; V. Institutions philanthropiques et pensionnats: 122.960 fr.; VI. Bibliothèques Nationales: 72.300 fr.; VII. Musées Nationaux: 75340 fr.; VIII. Bourses à l'étranger: 16.000 fr; IX. Corps inspectant et personnel des écoles primaires:

13.080.50 fr.; X. Frais généraux et subventions: 445.500 fr.

De tous les paragraphes inscrits au budget, le plus important est celui des crédits prévus pour le personnel: sur 17.928.482 fr., somme à laquelle s'élève le budget du Ministère, 16.800.000 fr. sont prévus pour le personnel. Les autres crédits les plus importants sont: 1) loyer, dont la somme totale atteint 310.000 fr.; 2) frais de bureau, chauffage, éclairage, impression de formulaires, etc.: 217.300 fr.; 3) achats de meubles, réparations, jardins scolaires et autres: 120.000 fr.; 4) livres, revues, journaux: 96.000 fr.. Les autres paragraphes sont moins importants.

VI. L'Instruction de la Population en Bulgarie.

ACTIVITÉ **du Ministère.** — L'activité déployée par le Ministère de l'Instruction publique depuis la délivrance a eu pour conséquences heureuses d'élever le niveau intellectuel de la nation et d'étendre l'instruction de la population. Les données qui suivent (1) donnent un aperçu sur l'état de l'instruction de la population et servent de conclusion aux chapitres qui précèdent.

Nombre total des établissements d'instruction. — D'après les données officielles de la Direction générale de la Statistique en Bulgarie, le nombre total des établissements d'instuction dans le Royaume s'est élevé en

(1) Ces données sont fournies par M. G. P. Mintchleff, chef de la statistique scolaire à la Direction générale de la Statistique.

1907-1908 à 5173 (1), savoir: 13 salles d'asile et 42 classes préparatoires annexées aux écoles, 4660 écoles primaires (publiques et privées), 141 cours supérieurs d'écoles primaires, 117 progymnases publics et privés, 21 gymnases, 39 progymnases et écoles à classes privés, annexés à d'autres écoles, 2 instituts pour enfants anormaux, 9 écoles pédagogiques, 12 écoles confessionnelles (un seminaire orthodoxe, neuf séminaires mahométans, un séminaire catholique, une école américaine de théologie), 5 écoles militaires (une école militaire pour officiers de l'armée active, une école de machinistes-chauffeurs pour la flottille du Danube, trois écoles pour former des officiers de la réserve), 1 école de dessin et 1 école de musique, 9 écoles de commerce avec 44 sections, 14 écoles professionnelles et industrielles (3 écoles pour forgerons, 5 écoles pour menuisiers, 4 écoles pour industries dans les matières textiles, 1 école pour fabriquer des fleurs artificielles et chapeaux, 1 cours sur les travaux en poterie), 13 écoles d'économie rurale (9 d'agriculture générale, 3 d'horticulture et de viticulture, 1 école modèle de sériculture), 62 écoles professionnelles des

(1) Dont 1431 écoles privées.

industries de la femme, 11 cours professionnels pour jeunes filles annexés aux progymnases, 1 université.

Nombre total des membres de l'Enseignement. — Pendant l'année scolaire 1907-1908 le nombre des membres de l'enseignement (pour tous les genres d'écoles) s'est élevé à 12.043. Sur ce nombre 7.926, soit 65.8 %, hommes et 4.117, soit 34.2 %, femmes. Il y avait 299 h. et 122 f. qui enseignaient dans deux établissements d'instruction différents. Outre la profession de professeurs, 1509 h. et 53 f. ont exercé une autre profession (officiers, avocats, prêtres, hodjas, etc.).

Voici le nombre des membres du corps enseignant par années scolaires.

Année scolaire	Corps enseignant		
	H.	F.	TOTAL
1900-1901	7.142	2.544	9.686
1901-1902	6.957	2.444	9.401
1902-1903	7.068	2.525	9.593
1903-1904	7.349	2.809	10.158
1904-1905	7.464	3.069	10.533
1905-1906	7.658	3.357	11.015
1906-1907	7.588	3.741	11.328
1907-1908	7.926	4.117	12.043

L'augmentation sur 100 personnes a porté en moyenne :

	H.	F.	TOTAL
1905-1906	+ 6 %	+ 21 %	+ 10 %
1906-1907	+ 5 %	+ 35 %	+ 13 %
1907-1908	+ 10 %	+ 49 %	+ 21 %

Ces chiffres expriment la tendance très forte de la femme qui s'efforce de prendre de plus en plus une place plus large parmi les membres du corps enseignant.

Pourcentage et Rapports. — Sur 100 personnes du corps enseignant en Bulgarie, il revient aux salles d'asile 0.6, aux écoles primaires 78.0, aux établissements d'enseignement secondaire complet et incomplet 16.5, et aux autre écoles 4.9. Le rapport entre le nombre des membres du corps enseignant et celui des élèves inscrits est le suivant : à un membre du corps enseignant il revient dans les salles d'asile 50 élèves, dans les écoles primaires publiques 47, dans les écoles privées 42, dans les cours supérieurs des écoles primaires 24, dans les progymnases 25, dans les gymnases 22, et 17 dans les autres écoles. Ces nombres peuvent cependant être diminués si l'on tient compte du personnel réellement existant et celui qui le

PAGINATION DECALEE

complète. C'est ainsi que l'on obtient pour un membre du corps enseignant dans les salles d'asile 44 élèves, dans les écoles primaires 42, dans les écoles privées 41, dans les cours supérieurs des écoles primaires 21, dans les progymnases 23, dans les gymnases 21, et dans les autres écoles 15.

Nombre total des élèves. — Le nombre total des élèves dans tous les établissements d'instruction de Bulgarie pendant l'année 1907-1908 a été de 389.550, avec un coefficient de 11.8 %; soit sur 100 habitants, 12 élèves inscrits dans diverses écoles.

De tous les élèves inscrits, 300.413 ou 61 % sont du sexe masculin et 189.137 ou 39 % du sexe féminin. Par rapport à la population respective, les élèves du sexe masculin forment 14.2 % et ceux du sexe féminin 9.3 %. Ainsi sur 100 habitants, 14 du sexe masculin et 9 du sexe féminin sont inscrits dans les diverses écoles de la Bulgarie.

Voici le nombre des élèves par années scolaires:

Années scolaires	Élèves		
	H.	F.	TOTAL
1900-1901	238.685	122.196	360.881

Années scolaires	Élèves		
	H.	F.	TOTAL
1901-1902	232.125	119.964	352.089
1902-1903	246.130	133.616	379.746
1903-1904	258.877	142.872	401.749
1904-1905	269.518	153.930	423.448
1905-1906	282.461	167.118	449.579
1906-1907	290.798	178.201	468.999
1907-1908	300.413	189.137	489.550

Le nombre des élèves inscrits pendant l'année scolaire 1907-1908 a été de 489.550, répartis par établissements comme suit: 3319 ou 0.68 % dans les salles d'asile, 430.111 ou 86.86 % dans les écoles primaires, 45.980 ou 9.39 % dans les établissements d'instruction secondaire complètes ou incomplètes et 10.140 ou 2 % dans les autres établissements d'instruction professionnelle et supérieure (pédagogiques, militaires, religieux, artistiques, commerciaux, industriels, professionnels, université).

Coefficients de l'Instruction. — Le coefficient général de l'instruction en Bulgarie est, comme nous l'avons dit, 11.8 sur 100 habitants, ou 118 élèves sur 1000 habitants. Ce coefficient est par rapport aux établissements d'instruction comme suit: 0.79 $^{o}/_{oo}$ pour les salles d'asile ; 103 $^{o}/_{oo}$ pour les écoles primaires ; 11.06 $^{o}/_{oo}$ pour les cours supérieurs, progymnases et gymnases ; et 2.44 $^{o}/_{oo}$ pour les établissements professionnels, supérieurs et autres. Il appert donc que sur ces 118 élèves (sur 1000 habitants) 103 ont été inscrits dans les écoles primaires.

D'après le coefficient exprimant le rapport entre le nombre des élèves inscrits sur 10,000 habitants, nous avons pour les divers établissements d'instruction les données suivantes: 1) écoles primaires: 1034.4 $^{o}/_{ooo}$ ou 1034 enfants inscrits à l'école primaire sur 10.000 habitants ; 2) cours supérieurs, progymnases, gymnases: 104 $^{o}/_{ooo}$; 3) salles d'asile: 8 $^{o}/_{ooo}$; 4) écoles professionnelles: 7.3 $^{o}/_{ooo}$; 5) écoles pédagogiques: 5.7 $^{o}/_{ooo}$; 6) écoles militaires: 3.6 $^{o}/_{ooo}$; 7) écoles commerciales: 2.1 $^{o}/_{ooo}$; 8) université: 1.8 $^{o}/_{ooo}$; 9) établissements religieux: 14. $^{o}/_{ooo}$; 10) écoles industrielles: 1.1 $^{o}/_{ooo}$; 11) écoles d'économie rurale: 1.0 $^{o}/_{ooo}$; 12) école des arts: 0.4 $^{o}/_{ooo}$; 13) instituts pour enfants anormaux: 0.0 $^{o}/_{ooo}$.

Les Illettrés en Bulgarie. — D'après le dénombrement de la population en Bulgarie au 31 décembre 1905, le nombre des habitants sachant lire et écrire était de 1.126.514, et celui des habitants ne sachant ni lire ni écrire, de 2.909.061. Pour les premiers, 836.321 sont du sexe masculin et 290.193 du sexe féminin.

L'instruction générale peut par conséquent être exprimée par les relations suivantes: Sur 100 habitants de la population il y a en général 27.91 sachant lire et écrire, du sexe musculin 20.72, du sexe féminin 7.19.

Contre 100 femmes sachant lire et écrire, il y a 288 hommes sachant lire et écrire. Contre 100 hommes sachant lire et écrire, il y a 35 femmes sachant et écrire,

La population âgée au-dessus de 7 ans a été en 1905 de 3.221.141 personnes; soit 1.645.745 hommes et 1.575.396 femmes. Sur ce nombre ceux sachant lire et écrire sont au nombre de 1.119.571, soit 832.244 hommes et 287.327 femmes. Il s'en suit que sur 100 habitants, 34.76 savent lire et écrire, (contre 27.91 sur la population totale).

Rectification à faire. — Comme unité politique indépendante, la Bulgarie existe depuis 1878. Pendant le temps de la domination turque son développement intellectuel a été arrêté d'une façon incroyable : l'instruction de la population pendant cette période a été pour ainsi dire insensensible. C'est pourquoi il faut, pour établir les proportions de l'instruction actuelle du pays, éliminer la génération avant la délivrance. Dans ce but nous divisons la population avant 1905 en 2 groupes: *a)* population âgée de 7 à 35 ans ; *b)* population âgée au-dessus de 35 ans ; ceux qui étaient agés de 7 ans en 1878 sont âgés de 33 ans en 1905.

Voici des chiffres sur cette période, d'après le dénombrement fait au 31 décembre 1905 :

Age des groupes de la population.	Sur 100 habitants il y a lettrés.		
	Hommes	Femmes	Total
De 100 ans et au-dessus	2.50	—	1.08
„ 95 à 100 ans	6.62	0.53	3.60
„ 90 à 95 „	4.37	0.42	2.31
„ 85 à 90 „	8.23	0.68	4.67
„ 80 à 85 „	6.38	0.58	3.47
„ 75 à 80 „	11.82	0.93	6.90
„ 70 à 75 „	11.17	0.84	6.19
„ 65 à 70 „	17.21	1.44	10.46
„ 60 à 65 „	17.46	1.50	9.75
„ 55 à 60 „	24.57	2.36	15.15
„ 50 à 55 „	29.48	3.04	15.07
„ 45 à 50 „	37.85	5.43	22.33
„ 40 à 45 „	44.20	6.83	25.33
„ 35 à 40 „	53.06	10.48	33.42
„ 30 à 35 „	58.95	12.77	35.84
„ 25 à 30 „	64.02	16.50	40.34
„ 20 à 25 „	68.53	22.85	46 11
„ 15 à 20 „	63.56	28.22	45.99
„ 10 à 15 „	65.75	35.12	50.67
„ 5 à 10 „	26.67	17.99	22.37

Idée plus concrète. — Le tableau suivant donne une idée plus concrète à ce sujet.

GROUPES PAR AGE		Nombres absolus — sachant lire et écrire	Nombres absolus — ne sachant ni lire ni écrire	Sachant lire et écrire sur 100 habitants	Ne sachant pas lire ni écrire contre 100 habitants qui savent lire et écrire.	Hommes sachant lire et écrire contre 100 femmes qui savent lire et écrire.	Femmes sachant lire et écrire contre 100 hommes sachant lire et écrire.
De 7 à 35 ans	hommes	635.436	395.216	61.65	62	243	41
	femmes	261.045	750.682	25.80	288		
	Total	896.481	1.145.898	43.89	124		
Au dessus de 35 ans	hommes	196.808	418.285	32.00	213	749	13
	femmes	26.282	537.387	4.61	2045		
	Total	223.090	955.672	18.92	428		

L'instruction de la population de la Bulgarie est actuellement égale à 44 %, soit 62 % pour le sexe masculin et 26 % pour le sexe féminin.

Population urbaine et rurale. — Voici le relevé de l'instruction de la population, séparément pour les villes et les villages :

		Population urbaine	%	Population rurale	%
Sachant lire et écrire	hommes	249.490	60.85	586.831	35.63
	femmes	146.402	38.56	143.791	8.99
	Total	395.892	50.13	730.622	22.51
Ne sachant pas lire ni écrire	hommes	160.502	39.15	1.060.269	64.37
	femmes	233.295	61.44	1.454.995	91.01
	Total	393.797	49.87	2.515.264	77.49

Sur 100 habitants de la population âgée au-dessus de 7 ans il y a de lettrés :

	hommes	femmes	total
Population urbaine	71.28	45.47	58.91
Population rurale	45.01	11.31	28.44

La population lettrée urbaine est deux fois plus grande que la population lettrée rurale, et le nombre des femmes lettrées dans les villes est de 4 fois plus grand que celui des femmes lettrées dans les villages.

Pendant l'année 1900 l'instruction de la population urbaine a été de 50.23 % en tout, 60.85 % pour le sexe masculin, 38.56 pour le sexe féminin, et l'instruction de la population rurale, 22.51 % en général, 35.63 % pour le sexe masculin et 8.99 % pour le sexe féminin.

Augmentation de l'Instruction. -- L'instruction de la population se répand rapidement ; c'est ce que l'on peut voir par les données suivantes :

Dénombrements	Sachant lire et écrire sur 100 habitants			Ne sachant pas lire et écrire contre 100 habitants lettrés			Femmes sachant lire et écrire, contre 100 hommes
	hommes	femmes	en général	hommes	femmes	en général	
1887	17.06	4.12	10.71	4.86	23 27	8.35	23
1892	24.31	6 57	15.63	3.11	14 22	5.40	26
1900	36.03	11.27	23 87	1.77	7.93	3.19	30
1905	40.66	14.67	27.91	1.46	5.82	2.58	35

Pendant une période de 18 ans l'instruction de la population a presque triplé, quoique celle de la population masculine avance moins rapidement que celle de la population féminine.

Rapports ethnographique et confessionnel. — La grandeur du coefficient de l'instruction de la population en Bulgarie dépend de la composition ethnographique et confessionnelle; c'est ce qu'on peut voir par le tableau suivant:

Confession Religieuse et langue	1900			1905		
	sur 100 habitants du groupe respectif il y en a, sachant lire et écrire.					
	hommes	femmes	Total	hommes	femmes	Total
a) Confession :						
Orthodoxes.	46.90	12.69	27.58	46.52	16.48	31.78
Catholiques.	37.26	26.13	31.71	39.71	26.52	33.11
Protestants.	72.18	59.90	66.31	70.94	61.56	64.41
Mahometans	6.04	1.59	3.86	5.84	1.39	3.67
Israélites.	65.45	31.90	48.45	67.93	39.52	53.69
Arméniens	61.99	39.61	52.59	64.16	42.76	54.75
Autres	97.57	85 71	96.32	97.29	86.36	96.05
TOTAL.	36.03	11.21	23.87	40.66	14.67	27.91
b) Langue maternelle :						
Bulgare	42.18	12.75	27.74	46.85	14.64	32.03
Turque, tartare et tzigane	6.48	1.76	4.17	6.46	1.65	4.11
Roumaine	22.29	2.93	12.75	26.00	4.09	15.14
Grecque.	45.97	20.01	33.28	45.27	20.95	33.34
Israélite	65.15	30.81	47.77	67.62	38.38	52.96
Arménienne	62.54	40.82	53.58	60 99	43.97	55.01
Autres	58 50	59.54	58.96	57.90	55.92	56.72
TOTAL.	36.03	11.21	23.87	40.66	14.67	27.91

L'instruction de la population de langue bulgare en 1905 donne 32 %, par conséquent une différence de 4 % sur l'instruction de la population totale. Le nombre de ceux sachant lire et écrire est le plus élevé chez les arméniens, puis chez les israélites, et le plus faible coefficient est donné par les turcs, les tartares et les tziganes, soit 3.67 % contre 27.91 % de l'instruction de la population totale. Ceci exerce une certaine influence sur le coefficient général de l'instruction.

L'instruction n'est pas répandue dans les mêmes proportions dans toute la Bulgarie. Pour avoir une idée exacte à ce sujet, il faut faire abstraction des musulmans, éliminer partout le coefficient, et calculer seulement pour le reste de la population.

Population la moins instruite. — La population la moins instruite est celle des arrondissements de Koula, Belogratchik, Ferdinand, Berkovitza, et la plus instruite celle des arrondissements de Choumla, Kotel, Pirdop, E. Djoumaya. D'après le coefficient les arrondissements se répartissent comme suit: I. Instruction de 10 à 20 %: Koula, Belogradtchik, Ferdinand, Berkovitza; II. de 20 à 25

%: K. Agatchs, Nicopoli, Tzaribrod, Kiustendil, Orehovo, Sofia (rural), Vratza, K. Bounar, B. Slatina, Philippopoli (rural), Harmanli, Radomir et Lom ; III. de 25 à 30 %: Vidin, Doupnitza, Borisovgrad, Loukovit, Bela; Lovtcta, Roustchouk (rural), Trin, Varna, (rural), N. Zagora, Samokoff, Troyan, Toutrakan, Osman-Pazar ; IV. de 30 à 35 %: Anchialo, Bourgas, Orhanie, Provadia, Tchirpan, Téteven, Stanimaka, Popovo, Karnabat, Plevna, Yambol, Bazardjik, Haskovo, Sistov, Sevlievo, Silistra, Panagiuriste ; V. de 35 à 40 % Karlovo, St-Zagora, Aïtos, Preslav, Pechtera, Dobritct, Razgrad et Elena ; VI. 40 % et au dessus: Slivno, Drenovo, Gabrovo, Kazanlik, Tirnova, Baltchik, G. Orehovitza, E. Djoumaya, Pirdop, Kotel, Choumla, les villes de Philippopoli, Varna, Roustchouk et Sofia.

Résultats généraux. — Ainsi, l'instruction générale de la population en Bulgarie s'élève à 27.91 %, sans la population musulmane à 32.1 %, et seulement pour la population de langue maternelle bulgare à 32.03%.

L'instruction de la population au dessus de 7 ans est de 34.76 % sans la population musulmane 40 %, et de la population de langue maternelle bulgare de 39.9 %.

L'instruction de la population en 1905, exprimée en coefficients pour les générations de 10 à 15 ans est en général de 50.67 %; sans la population musulmane, de 58.70 %; de la population parlant le bulgare, de 58.99.

L'instruction de la population urbaine dépasse de beaucoup celle de la population rurale.

Le coefficient de l'instruction de la population en Bulgarie est diminué par la population musulmane nombreuse, assez peu instruite, et par la population rurale du sexe féminin où l'instruction est peu répandue. La loi sur l'instruction obligatoire, quoique appliquée insuffisamment, exerce cependant de plus en plus son influence culturale.

Le Bulgarie, marche lentement, mais sûrement, vers l'instruction générale de la population.

ANNEXE.

Les Écoles Bulgares en Turquie.

IL nous reste encore à jeter un coup d'œil sur les écoles bulgares qui existent en Turquie d'Europe. Sans secours financier du gouvernement, les Bulgares de Turquie sont parvenus à créer un ensemble d'écoles dirigées et entretenues par les communautés religieuses et scolaires, et complètement indépendantes les unes des autres, quoique toutes relèvent directement de l'Exarchat bulgare de Constantinople.

Les Jardins d'Enfants. — La propagation des jardins d'enfants (salles d'asiles) est surtout remarquable. Pendant l'année scolaire 1907-08 on n'en comptait pas moins de 755, fréquentés par 19.214 enfants, soit 11.932 garçons et 7.282 fillettes. Ces jardins d'enfants se répartissent sur les vilayets (1) de Bitolja (209), de Skopie (147), de Salonique (315), d'Adrianople (84). Le vilayet de Constantinople n'en possède aucun.

Les écoles élémentaires. — De même que les jardins d'enfants, auxquels elles se rattachent pour la plupart, les écoles élémentaires bulgares sont nombreuses en Turquie. Au vilayet de Bitolja on n'en trouva en 1907-08 pas moins de 230, à celui de Skopie 170, à celui de Salonique 332, à celui d'Andrianople 332, à celui de Constantinople cependant on n'en trouve que deux.

Progymnases. — Des progymnases sont annexés à 66 des écoles élémentaires ci-dessus, et fréquentés par 1.950 garçons et 848 filles. Il existe en plus des progymnases à cinq classes pour filles à Bitolja et à Skopie, qui se développeront bientôt en gymnases complets.

Ecoles moyennes et supérieures. — Pour ce qui concerne l'enseignement moyen et supérieur on peut mentionner l'école ecclésiastique de Skopie, le séminaire théologique de Constantinople, le gymnase classique

(1) *Vilayet :* province ou département en Turque.

de garçons de Bitolja, le gymnase réal de garçons avec école de commerce annexée de Salonique, le gymnase réal de garçons d'Adrianople, les gymnases de filles de Salonique et d'Adrianople, l'école pédagogique de Seres (mixte) et de Skopie (garçons). Des pensionnats sont annexés à quelques-uns de ces établissements.

Le personnel enseignant. — Le personnel enseignant des écoles bulgares en Turquie d'Europe est soumis aux mêmes réglements que dans le royaume même, quoique des exceptions peuvent s'y présenter. Le nombre des membres du personnel des écoles bulgares de Turquie est évalué à 1502 pour l'enseignement primaire et 133 pour l'enseignement moyen et supérieur.

Conclusion. — Nul doute que, vu les efforts persévérants des Bulgares de Turquie, ceux-ci parviendront à conserver leur esprit national, leur religion, leur langue, leurs mœurs et coutumes, malgré toutes les difficultés que pourrait leur susciter le gouvernement ottoman.

Table des Matières.

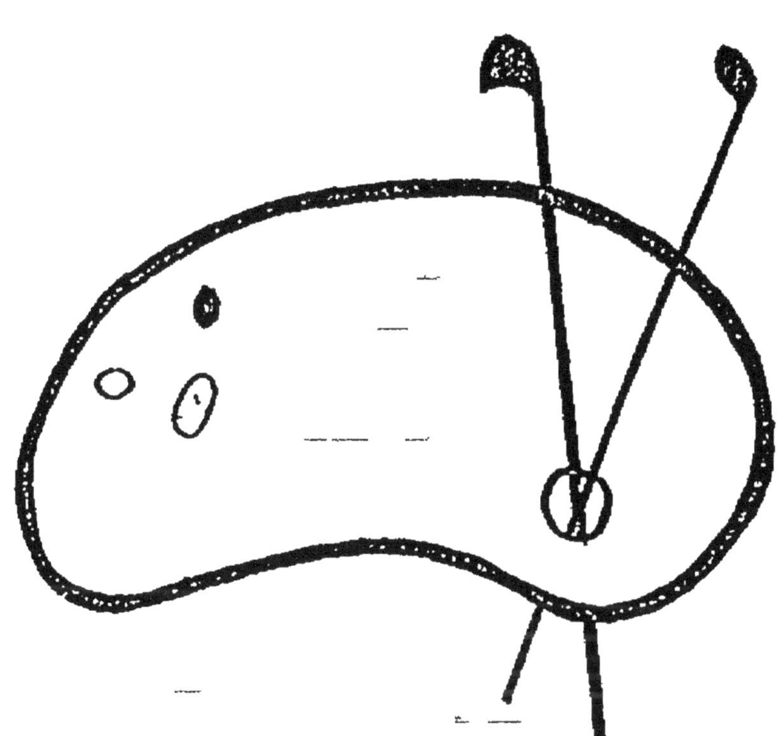

www.ingramcontent.com/pod-product-compliance
Ingram Content Group UK Ltd.
Pitfield, Milton Keynes, MK11 3LW, UK
UKHW020128220726
13923UKWH00001B/65